JN094449

甲南アセット・グループ
創業五十周年記念

少年の夢・起業・志

記念誌編集員会 編著

あうん社

少年の夢・起業・志

甲南アセット・グループ創業五十周年記念

記念誌編集委員会　編著

はじめに

「起業の鉄則塾（研究会）」が始まったのは平成16（2004）年5月8日である。第一回のその日から毎月第二週の土曜日に甲南アセットビルの会議室で開くようになり、コロナ禍での中断をはさんで令和6年5月に二〇〇回を数えることとなった。

小林宏至がこの塾を開いた直接のきっかけは、初めての著書『失敗しない　起業の鉄則』（商業界　2003年）を出版したことによる。

著書に書かれている「スクラップ&ビルド十八の法則」などをより具体的に講義するというものだった。小林としては十回続けて終わりにするつもりだったのだが、毎回参加する人の中から、今後もぜひ続けてほしいとの声があがった。

そこで小林は、講師を毎回呼んで続けることにした。講師もテーマもその都度変わり、話のあと自由に討議してもらい、その後で小林の塾長講話が数分続き、二次会は居酒屋での交流会となる。講師に謝金はなく、二次会への招待が謝金代わりだが、喜んで講師を引き受けてくれる人が続いた。

小林の人脈の中から人選されたり他からの紹介があったりして、三〇回を過ぎたころから講師が二人というのが通例となった。

講師の語るテーマはビジネスだけに限らず、健康や生きがい、福祉関連の話、その時代空気を反映した話なども少なくない。

参加者の顔ぶれは常連と新規たちで平均二〇人ほど、三、四〇人で満席になることもある。コロナ禍のときは長い間開くことができず、再開を待ち望む声が多かった。常連の顔ぶれの中には、一回も欠かさず参加する人も少なくない。ビジネス交流会は数多いが、コンスタントに二〇〇回も続けている会はたいへん稀ではないだろうか。

「ビジネスのことはさておいて、この会に来ると元気をもらえるんです」という声もあるように、小林の温厚な人間力・包容力の賜物といってもよいだろう。

平成31（2019）年3月、一五〇回（2018年）を記念して、起業の鉄則研究会編として『起業の鉄則塾』（あうん社）を出版した。講師をしてもらった人の何人かに各章を執筆してもらい、小林の塾長講義録を章ごとに入れている。資料編には起業塾一六三回までの記録表を載せている。

本書の出版記念パーティーも終えて間もなくコロナ禍が起きた。前述したように、それからの中断がなければ2022年春には二〇〇回目を数えていた。しかし、誰しもが人類全体への天災が収まるのを待つほかになかった。

この間、小林宏至は「公益財団法人コーナン財団」の認可を得る準備を着々とすすめていた。一般財団法人コーナン財団はすでに2019年に設立しており、翌年からスタートしていた「ビジネスモデル・コンテスト」は一般財団法人コーナン財団の主催で行ってきた。

同コンテスト2回目（2021年）のときは、開催すること自体が危ぶまれた。結局、応募者の1次審査も2次審査もZoomでの開催の止むなきに至ったものの、小林にはどんな状況でも何とか開催しようとする強い意志があった。

「公益財団法人コーナン財団」が内閣府からの認可を受けたのは2023年3月28日の

ことである。

詳しくはまた本文で述べていくが、内閣府の厳しい認定条件をクリアできたのは、起業の鉄則塾の継続実施と「ビジネスモデル・コンテスト」（4回開催）への評価だった。

「百段ある階段のうち、いまはまだ七段目というところかな」

小林はよくそんな言い方をして笑う。

創業してまる半世紀、第二創業、第三創業、そしていまは第四創業と位置付けているが、自分の立ち位置はまだ階段の七段目というわけである。86歳になった今なお、車は運転するし、「甲南アセット」の仕事で全国各地への出張は数えきれない。

第三創業の不動産事業「甲南アセット」を設立したのは2004年だから、今年（2024年）でまる20年になる。同社の後継者は決まっているが、元気なうちは現役社長として勤める覚悟で全国を飛び回る。

では、小林にとって第四創業とは何かといえば、「公益財団法人コーナン財団」代表理事としての任務と責任である。

公益財団法人の代表理事がどういう役割をするのか、一般的にはよく知られていないだろう。実際、本書の編集委員にもそのことはよくわかっていないのだ。

ただし小林本人においては、公益財団法人認定を「第四創業」と位置付けており、より具体的な社会貢献につながることを強く望んでいる、という点だけは確かであり、我々もそこは理解しているつもりだ。すなわち、起業の鉄則塾を継続してきた小林の意思と夢と情熱が、第四創業にも続いているということに他ならない。

甲南アセット・グループ五十周年（２０２４年）
公益財団法人コーナン財団設立（２０２３年３月）
甲南アセット設立二十周年（２０２４年）
起業の鉄則塾二〇〇回（２０２４年５月）

本書は、この４つのことを記念して発行することとなった。

甲南アセット・グループのビジネスモデルは時代の推移とともに変化してきたが、一貫して変わらなかったものがある。

それは、「少年の夢・起業・志」である。これはまさしく創業者・小林宏至の理念と情熱そのものであった。
本書は一企業の記念誌ではあるけれど、この半世紀を振り返りつつ、読者各位が明日の未来のために参考にしていただけたら幸いである。

公益財団法人コーナン財団　記念誌編集委員

もくじ

第1章

「第四創業」としての公益財団法人

なぜ「第四創業」と呼ぶのか

35歳で起業してからまる半世紀。

昭和・平成・令和と移り行く中、日本はもとより世界中が大きく変動していった。言うまでもなくこの大変化は、人類史上初めてという科学の発明・発見に基づく発展による。

技術という点では、昭和時代には誰もが想像もできなかったIT産業の発展は世界を変えたもっとも大きなものだろう。大型・小型の機器はITやAI技術なしに動かなくなり、電車の中では、スマホを片手に情報を見たり、音楽やゲームに興じたりする人が大半で、新聞や本を読む人はほとんど見かけなくなった。人々の意識やライフスタイルまで激変させた。

時代や社会の変化に伴う人々の意識の有り様やそのニーズまで敏感に読みとって対処できるのが商売人というものだろう。小林の企業家人生も時代の流れを読みながら、第一創業、第二創業、第三創業として変化していった。

そして2023年、甲南グループ創業五十周年を迎える前年に、「公益財団法人コーナン財団」が内閣府から認可された。非常に厳しい条件を整えなければ認定されない法人だけに、たいへん名誉なことと小林は喜び、これをあえて「第四創業」と呼んだ。

小林は85歳となった今も第三創業で興した株式会社甲南アセットで代表取締役を務め、不動産物件の査定などで全国を駆け回っている。普通なら引退してもよさそうな年齢だが、体力気力が続く限り、現役を続ける覚悟である。次期後継者に決まっている小林の次男もそれを望んでいる。

ではなぜ小林は「公益財団法人コーナン財団」をあえて第四創業と呼ぶのか。

公益財団の多くは寄付をはじめ、学術や文化など様々な分野での社会貢献を目的に設立される。小林も設立の趣旨は同じわけだが、寄付するだけでなく、次世代の人材育成に役立つようなことを具体的にしていきたいという熱い思いがある。そのためにも、甲南アセットの株式を基金とした財団運営により主体的に取り組みたいという望みがある。つまり、起業したときのような情熱をもって取り組んでいけたらという気持ちを「第四創業」と表現したわけである。具体的にどうするのかはこれからのテーマ・課題だが、とにかくできるだけ有効なお金の使い方をしたいというのが小林の願いなのだ。

「自分から求めて出会った人たちから学んだ多くのことは、お金の儲け方ではなく、お金の使い方であった」(『失敗しない起業の鉄則』)

お金の使い方で人格がわかる、と小林は言う。公益財団法人コーナン財団でも、お金の使い方をよくよく考えていきたいということである。

ところが、内閣府から認定を受けた公益財団法人コーナン財団は、基金の使い方にいろいろと制約がある。この制約の中では、小林が「第四創業」と言う程の活動はできないようだが、もちろん法律に則ってするしかない。

「今はまだ発表できないが、ほかにも社会貢献できることを」と小林は近い未来を見据えている。

公益性の定義と認定

一般にあまりなじみのない公益財団法人とは、どういう法人なのか、ここで少し触れておきたい。

2008年(平成20)、従来からの法人制度が大きく変わり、「公益社団法人及び公益財団法人の認定等に関する法律」が12月1日に施行された。

公益財団法人は、文字通り、公益を目的とする23の事業のみが対象となる。「学術、技芸、慈善その他の公益に関する事業であって、不特定かつ多数の者の利益の増進に寄与するものをいう」とされている。

２０２０年度調査結果（２０２１年6月更新）によると、公益目的事業の事業類型別（18類型）の法人数のうち「助成（応募型）」は、２９６９団体（うち財団２４５８、社団５１１）となっている。

「公益を目的とする23の事業」のうちいくつか挙げてみると、次のようなものがある。

1．学術及び科学技術の振興を目的とする事業
2．文化及び芸術の振興を目的とする事業
3．障害者若しくは生活困窮者又は事故、災害若しくは犯罪による被害者の支援を目的とする事業
4．高齢者の福祉の増進を目的とする事業
5．勤労意欲のある者に対する就労の支援を目的とする事業
6．公衆衛生の向上を目的とする事業

7．児童又は青少年の健全な育成を目的とする事業

公益認定基準というのも「18項目」あり、その法人が公益財団法人としてふさわしいか、「公益認定等委員会及び合議制の機関」によって、認定の可否が判断される。公益財団法人をいきなり設立することはできないことになっているので、小林はまず、一般財団法人コーナン財団を２０１９年に設立し、それから4年後、公益財団法人の認定を受けた。

公益法人制度は１８９６年（明治29）の民法制定時にできて以来、１００年以上、一度も抜本改定されずにきた。主務官庁の「認定」を受けると、ほぼ例外なく税制優遇が受けられた。その結果、全国に2万6千の公益法人ができ、すでに社会的役割を終えているにもかかわらず存続している団体もあった。そこで２００６年から公益法人の事実上の解体・再編成が始まり、2年後（２００８年）に新たな法律が施行されたわけである。

ちなみに公益法人には、「一般社団法人」と「一般財団法人」、「公益社団法人」と「公益財団法人」の四種あるが、公益財団法人コーナン財団は認定がいちばん厳しい四番目の公益財団である。このときの法律改定のねらいは、

「民間非営利活動のすそ野を広げる一方で、無駄な公益法人を廃止し、官僚の天下り先をなくすことでした。そのため、従来の主務官庁制や許可制を廃止し、『官』の関与をできるだけ減らそうと、現行の主務官庁ではなく、有識者でつくる公益認定等委員会が『公益性』を認めることになりました」（『すぐわかる！　新公益法人制度』福島達也　学陽書房　２００６年7月初版）

その結果、当初２万４千法人あった公益法人は、合併や解散等で約2万法人となり、公益財団法人〈コラム1〉は５５９４（２０２１年3月現在）となっている。

こういう歴史的経緯からもわかるように、「公益性」の認定というのは、厳しくならざるを得なかったわけである。だからこそ小林は、公益財団法人コーナン財団の認定は、企業家としての誇りを感じ、創業50年を節目にいただいた栄誉だと素直に喜んだのだ。

そして小林は、真の意味で公益性のあることを成したいと思うゆえに「第四創業」と表現したのだろう。

企業家としての社会貢献

世のため人のため、という人的行為にはさまざまな方法がある。どんな職業においてもそれなりの社会貢献の仕方がある。

近年、社会貢献度が世間一般に対する企業の好感度を高めるということもあり、本業での活動以外のこと、たとえば環境保全の植林や清掃活動などをＰＲしたりする企業も少なくない。

それはそれで立派なことだが、小林の社会貢献についての考えは明確である。

「企業にとっての一番の社会貢献は、大いに儲けて、税金を払うことです。福祉的な慈善事業に寄付するのも確かに社会貢献ではあるけれど、税金をごまかしてそれをするようでは、売名行為と言われても仕方ありません。商売人や事業家は、働く場をたくさんつくり雇用面でも貢献していますし、高い所得税も払っているのですから、それだけでも十分社会に貢献しているのです」

これは何も小林だけの考え方ではないだろうし、周りに多大な影響を及ぼす赤字倒産などはもってのほか、というのは常識ある企業家としては当然の考えだろう。

実際、小林は創業50年の間にさまざまな商売を手掛けてきたが、「一時は赤字になったりしても、大きな失敗をした商売は1つもない」と誇らしく言う。とくに第一創業期には、扱う商品に陰りが見え始めるとその商売から撤退し、スクラップ&ビルドを繰り返してきた。こうした小林の経験値をこれから起業しようと志す人たちに伝えることも社会貢献にほかならない。そのことを小林は「社会貢献」と口では言わないが、起業の鉄則塾を20年以上続けてきた思いはそこにあるはずだ。

繰り返すようだが、公益財団法人コーナン財団が内閣府の認定を受けられたのは、起業の鉄則塾２００回の実績や毎年の「ビジネスモデル・コンテスト」の開催が、公益性があると認められたからである。

したがって、小林としてはいま、鉄則塾やビジネスモデル・コンテスト、年一回開催の「起業家支援講演会」などのほかに、公益性＝社会貢献というテーマを今後どのように深化し具体化していくかを考えている。

その辺の事情は、本書の最後の章で小林自身に語ってもらうことにするが、小林が関心をもって見つめているのは、日本の企業社会全体のイノベーションや起業家の育成はこれからどうなっていくのかということにあるようだ。バブル経済の崩壊以降、日本は

「失われた20年、30年」とよく言われ、いまだにその後遺症を引きずり、世界的にみても日本の起業家育成は立ち遅れていると言わざるをえない現状だからである。

遅ればせながら、日本でも２０２４年（令和６）から総合経済対策として「イノベーションボックス税制」という優遇税制を導入することが決まった。知財所得にかかる法人税を減税するというもので、グローバル競争の激しい中、知財所得の税負担を軽減し、研究開発投資を呼び込むだけでなく、地域の雇用創出にもつなげるというネライがある。

２０１０年にフランスがこの税制を導入して以来、欧州各国に広まり、フランスやイギリスでは法人税を15％も軽減しているという。日本はこうした側面からみても、失われた30年と言わざるをえないのかもしれない。

「これからは中小企業の時代」

ここに興味深い１つの資料データがある。

『夜明け前　「失われた30年」を超えて　ニッポンの履歴書』というタイトルで、新聞紙大の図表・グラフにまとめられている（出典は「池田泉州ホールディングス　池田泉州銀行　池田泉州ＴＴ証券　自然総研」）。

この資料は一昨年（２０２２年）の春、小林の長年の知己でもある企業家・投資家のＦさんから筆者へ送られてきた。「これからは中小企業の時代」と書いた短いメモが添えられていた。

金融業界のグループ企業で作った「ニッポンの履歴書」だけに、株価の動きや円相場のグラフを中心に時代の大きな変わり目を日米で比較して、「過去を知らなければ、未来を語れない」と書いてある。株価や円相場の変動グラフについてはさておき、グローバルな経済変化というものがわかりやすく記されており参考になる。

小林が創業した１９７３年（昭和48）の日本は、「高度経済成長期（後期）で大国への飛躍」の時期だった。

そして１９７６年（昭和51）から１９８３年（昭和58）までは「不確実性の中の成熟」とある。この時期の後半に世界同時不況があったあと、バブル期のハイテク景気が続いた。

１９８６年から岩戸景気に迫る勢いのバブル期が始まり１９９０年（平成２）まで続き、消費税３％の実施となったその翌年、バブル崩壊となった。

大不況とともに情報革命が始まったが、バブル経済崩壊の後遺症が長引く中で阪神・淡路大震災（１９９５年）。その後は、失われた10年、20年と言われたが、「失われた30年」という見方もある、というのがこの資料が示しているところなのだ。

たしかに日本は、失われた10年〜30年の間に、高度経済成長期に増え続けてきた中産階級の減少が顕著になり、少子高齢化〈コラム２〉の急速な進展に伴い、いわゆる経済の二極化がすすんでいった。サラリーマンの平均月収は一向に上がらず、国民一人当たりの所得は先進各国との間でその差が大きく開いていった。発明や実用新案などの特許申請数はアメリカや中国にも水を開けられ、若い世代の保守化傾向につれて海外留学生は減り続けているとか、高齢化による廃業や労働人口の減少、後継者不足などといった負の要因を数えあげたらいくらでも出てくる。

このように日本の近未来はどうなるのかと案じられる要素がたくさんあるのだが、だからこそ活力と企業家精神に富んだ人材の輩出が今こそ求められているわけである。

阪神・淡路大震災のとき小林は第二創業に入ったばかりのときだった。小林自身も大きな被害を被ったが、速やかに行動を起こしている。

「商売人であれば、企業家であれば、ピンチのときこそチャンスと思い踏ん張らないといけない」という信念がそうさせたのだ。そうした「商人道」を信奉する小林に言わせれば、多くの起業家たちが起業に失敗して踏ん張りきれないのは、信念と情熱が足りないということになる。

モノがあふれた時代に生まれた世代に、根性論は通用しないといったことがよく言われるが、小林が言うのは、そういう根性論などではなく、いつの時代においても企業家に必要な第一条件が「信念と情熱」なのだ。

日本を支える中小企業の数は約３８５万社で全企業数の99・７％を占め、従業員数は全体企業数の約69％を占める（平成28年経済センサス）。まさにＦさんがメモに書いていたように、「これからは中小企業の時代」であり、チャレンジ精神に富んだ元気な起業家たちが求められる時代でもある。

財団法人の多くは企業家だけでなく様々な人材育成を願って運営を行っているが、小林が願いかつ応援したいのは、イノベーションを起こしていける若手人材の育成とともに、信念と情熱を併せ持った起業家たちなのである。それはまさに日本社会全体としても望んでいるところではないだろうか。

※公益財団法人の数（コラム1）

２００８年12月、新公益法人制度が施行され、当初2万4千法人あった公益法人は特例民法法人を経て、合併や解散等で約2万法人となり、２０１３年11月末までに公益認定か一般法人への移行を申請し、結果として約9千法人が公益に移行し、残りは一般法人へ移行した。

２０２１年3月現在では、その後の新設も含め公益法人は９７９４法人、一般法人7万４６８３法人が活動している（公益財団法人５５９４、公益社団法人４２００、一般財団法人７７４３、一般社団法人6万６９４０。※１　国税庁の法人番号公表サイトでの検索より　２０２１・３・８現在）。

また、公益目的事業の事業類型別（18類型）の法人数のうち「助成（応募型）」は、２９６９団体（うち財団２４５８、社団５１１）となっている（※２　内閣府による「２０１９（令和元）年公益法人の概況及び公益認定等委員会の活動報告」による）。

「公益財団法人　助成財団センター」ホームページより

※サラリーマンの平均月収（コラム２）

月給の調査が始まった１９５８年（昭和33年）の平均月給は1万６６０８円。その後、60年代後半から月給が急激に増え、１９７４年（昭和49年）に10万円を突破、１９８１年（昭和56年）に20万円を突破した。

１９９２年（平成4年）に30万円を超えたあたりから上昇カーブが緩やかになり、

2001年（平成13年）の33万4800円をピークに横ばいから下落傾向となっている。2008年のリーマンショック以降、2014年まで34万円台と低い水準が続いたが、2017年には36万円台に回復。2021年には36万円台後半まで上昇している。

ここ10年間のサラリーマンの平均給与を見てみると、34万円前半～36万円後半となっている。

OECD（経済協力開発機構）加盟国の中でも平均所得は上位とは決して言えない。2000年の時点で17位だった順位が、2020年には22位に下がっている。（サラリーマンとは従業員10人以上の企業や役所の一般労働者（フルタイム労働者）のことで、月給には時間外勤務手当や家族手当などの手当も含まれる。また、手取額ではなく、所得税、社会保険料などを控除する前の額である。）

※参考：令和3年分民間給与実態統計調査――国税庁

NBK起業の鉄則研究会

第2章

創業――腹を括《くく》って決断

1

この半世紀を振り返れば

昭和から平成、令和と続いたこの半世紀を振り返ると、あまりにも大きな出来事があり、「一括りの歴史」としてまとめるのは非常に難しい。それはそうなのだが、戦後70年（2015年）を総括するためにと、NHKが行った「意識調査（20歳以上）」がある。

この意識調査の中で、「戦後、社会に大きな影響を与えた出来事」で、「22の出来事から3つまでを選ぶとしたらどれか」という設問に対して、

1. 東日本大震災・福島第一原発事故（55%）
2. バブル経済とその崩壊（41%）
3. 高度経済成長（40%）

という回答結果（コラム3）になったという。

1つだけ選ぶ場合は、歴史的意義が高いとされている出来事がより上位となり、3つまでの複数回答では各個人にとって特に印象深い出来事がより上位となる傾向となった。「22の出来事」の中には、日本国憲法発布、天皇の「人間宣言」、安保闘争、学生運動、東京オリンピック、高度経済成長、石油ショック、バブル経済とその崩壊、オウム真理

教事件、リーマンショック、などがあるというから、世代別の回答は当然異なるだろう。また、出来事に直接影響を受けた個人にとっては、それが上位にくるだろう。若いときに学生運動のうねりに接した世代は、「学生運動」を個人的に大きな影響を受けた出来事として選ぶことになる。もし22の出来事の中に「就職氷河期」という項目があるとすれば、これに痛手を受けた当事者（就職氷河期世代）〈コラム4〉はそれを選ぶだろう。いずれにしろ、そうした違いを超えてトップになったのが男女・年齢を問わず「東日本大震災・福島第一原発事故」だった。

2025年には「戦後80年」を迎えるが、同様の意識調査を行ったら、おそらく「コロナ禍」が上位にくるだろう。

本書の主人公である甲南アセットグループの創業者・小林宏至は、戦前（昭和13年）生まれだから、この年には87歳になっている。昭和・平成・令和と3つの時代変化に応じて、どのような出来事が起ころうと、小林はひょうひょうと乗り越えてきたように見える。この事業家魂をいつも変わらず突き動かしてきたものはいったい何だったのだろうか。

これまで小林は6冊の著書の中でそのことを熱く語ってきているが、本書では第三者視点から改めて振り返ってみることにする。

※戦後70年（2015）「戦後、社会に大きな影響を与えた22の出来事」（コラム3）

世論調査でみる日本人の「戦後」
〜「戦後70年に関する意識調査」の結果から〜

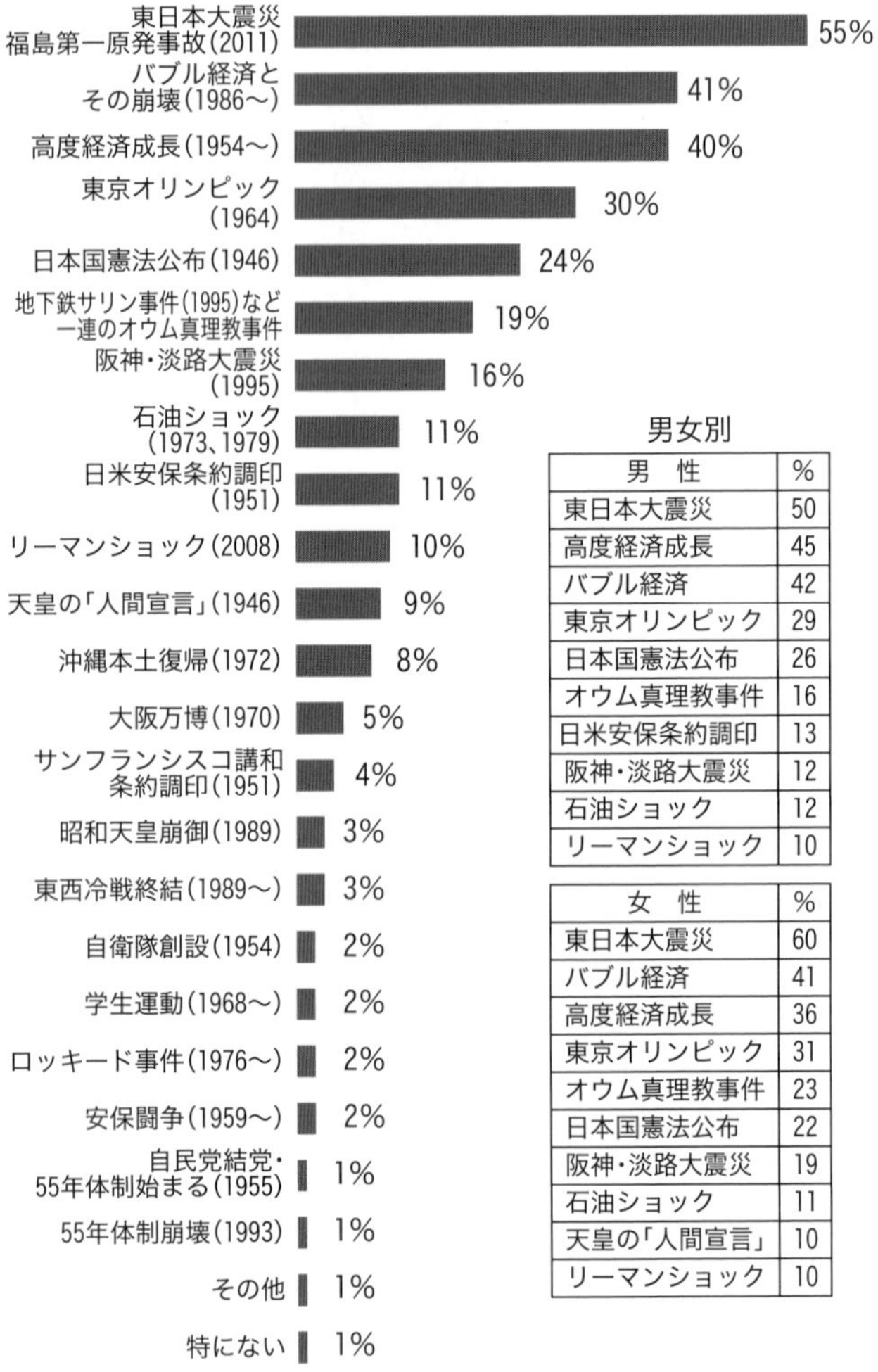

男女別

男　性	%
東日本大震災	50
高度経済成長	45
バブル経済	42
東京オリンピック	29
日本国憲法公布	26
オウム真理教事件	16
日米安保条約調印	13
阪神・淡路大震災	12
石油ショック	12
リーマンショック	10

女　性	%
東日本大震災	60
バブル経済	41
高度経済成長	36
東京オリンピック	31
オウム真理教事件	23
日本国憲法公布	22
阪神・淡路大震災	19
石油ショック	11
天皇の「人間宣言」	10
リーマンショック	10

ＮＨＫ放送文化研究所（https://www.nhk.or.jp）「放送研究と調査」2015年８月号より

※就職氷河期世代（コラム４）

厚生労働省では、バブル崩壊後の１９９０年代から２０００年代に就職活動を行った世代を「就職氷河期世代」と定義している。１９９４年の流行語大賞にノミネートされるほどの社会問題に発展した。

１９７５年から１９８５年頃に生まれ、２０２２年時点で30代後半から40代の人が該当し、別名「ロストジェネレーション世代」とも呼ばれる。

バブル崩壊後、大企業も含めた多くの企業が採用を見送り、雇用が大きく失われた。優秀な人材であっても人材派遣やフリーターとして働かざるを得なかったなど、非正規雇用の仕事に就いた人が50万人ほど存在すると試算されている。

参照：ウィキペディアなど

常に「階段の七段目」という思い

「はじめに」で触れたように、小林宏至は２００３年に初めての著書『失敗しない　起業の鉄則』（商業界）を出版した。その後、2020年までに5冊の著書を出版している。それぞれの著書については追々述べていくとして、全著書に一貫したテーマはビジネスモデルである。サブテーマとしては、キャッシュフローやビジネスの鉄則、商人道といったものが熱く語られているが、常に中心にあるテーマは時代に即したビジネスモデルだ。

一口にビジネスモデルと言っても、その考え方や定義は人それぞれだろうが、小林には実にシンプルで明快な定義がある。

「その時代・社会のニーズに応じて確実な収益を上げられる商売の仕組み」ということである。

なんだ、そんなことはわかりきったことではないかと思われるかもしれないが、このシンプルさの中には様々な難問が潜んでいる。市場でのニーズがあると思って起業したものの軌道に乗らなかった、という事例は枚挙にいとまがないからだ。

そうした実情について小林は、自ら主宰する「起業塾」において、よくこんなコメントを語っている。

「起業しても軌道に乗らないのは、本当のニーズではなくて、潜在的需要にすぎないシーズを追いかけたからです。シーズを追いかけるのは大企業がすることで、資金力もない会社がやってはいけないことです」

小林は「起業の成功」について十八の鉄則としてまとめているが、ニーズと立地の関係について端的に表現しているのが、たとえば次の言葉である。

「魚のいる池で釣りをするのは商売のイロハである」

魚の多い池には競合他社が多いので、素人の商売人はそこを避けて他社が出ていない池のほうで釣ろうとするが、そこには魚が少ないので釣ったところで成果は少ない。したがって、ニーズ（魚）の多い池（立地）で競合他社に勝ち抜くことが商売のイロハというわけだ。商売を始めた頃の小林は、起業の鉄則を自ら作り、情熱とバイタリティで競合に勝ち抜いてきたわけだが、「ビジネスモデルはどんどん古くなる」ということもよく語っている。

「とくにＩＴが登場してからは、商売によって立地は関係なくビジネスができるようになった。しかしいずれにしろ、その時代と社会のニーズに則して販売方法などもシステム的に構築したのがビジネスモデルです。構築してからも常にマイナーチェンジをしていかないといけません」

35歳で独立起業して半世紀、小林は次々と新たなビジネスを立上げ、その数は二十近くにものぼるがいずれも成功させてきた。

しかし商売がうまくいっていても潮時を読むとすぐにも撤退、スクラップ&ビルドを繰り返した。小林にとっての商売とは特定の商品を売ることではなく、より発展性のあるビジネスが商売というとらえ方なのだ。

2004年には第三創業と位置付けた「甲南アセット」を立ち上げた。第二創業（甲南チケット）の年から数えて15年後のことだった。そして昨年（2023年）、最初の起業から数えて創業50年を迎えた甲南アセット・グループは、全国の一等地に35棟以上のオフィスビルを所有し、業界トップクラスの業績と信用を得るまでに至っている。

それでも小林は「階段の七段目」と言って笑うのが常だが、その言葉の意味は生涯現役という思いが込められていることは言うまでもない。公益財団法人コーナン財団を「第四創業」と位置付けているのも同じ思いからである。

我々、編集員たちはそういう小林の現役志向の思いを受け止めているので、本書をいわゆる「社史」にするつもりはない。昭和・平成・令和と小林が辿ってきたビジネスモデルの変遷を振り返りながら、近未来の日本を多少なりとも望見できるものになればと願っている。

「ぼくは将来、社長さんになります」

筆者（編集員の一人）はかれこれ20年以上、小林宏至とお付合いさせていただいている（年上の人に呼び捨ては失礼だが、本書の中ではやむを得ない）。「起業の鉄則塾」が始まった2003年以来、筆者は常連として参加してきたし、小林の全著書も読ませてもらっている。そんなお付き合いの中で筆者が感じてきたこと、すなわち、全著書の活字だけでは見えてこない小林宏至の人となりを述べておきたいと思う。

「起業の鉄則塾」のあと、小林は塾長という立場からその日の講師の発表に対してのお礼と、短い講評を数分間語る。そのとき小林は、講師が発表したビジネスモデルがいかにも未熟に思えても、できるだけ講師を励ますようなことを言う。主催者・塾長という立場であればそれも当然かもしれないが、率直に言わせてもらうと、アイデアの段階でビジネスモデルとは言い難いような発表（講演）もあるのだ。

塾長の講評のとき、「少年の夢」を語るのも小林のパターンとなっている。その語り口調が熱く、塾の常連組の人にしたら「またか」と思う内容だ。ところが「あの熱いところが小林塾長のいいところですよ」と笑っていう常連さんも少なくない。

その「少年の夢」というのは、小林の一作目の著書『失敗しない　起業の鉄則』に書かれていることだ。

戦後も間もない小学生のとき、岡本周辺の金持ちの豪華な家に憧れた小林少年は、「あんな家に住んでいるのは誰なのか」と母親に尋ねた。すると「社長さんが住んでいる」と母親は答えた。そのとき以来、小林は大きくなったら社長になってやると、小学生のとき作文にも書き、心に誓ったというエピソードである。

――私が商売の道に入った最大の動機は何かと考えてみると、小学校の頃に行き当たります。昭和二二、三年、戦後みんなが貧しかった時でも、私が住んでいた岡本周辺や阪神間には立派なお屋敷がたくさんあった。阪急岡本駅の山手にはN製鋼の家もあって、それがひと際目立つ大邸宅でした。あんなお屋敷にはどんな人が住んでいるのだろう。その疑問を親に尋ねると、だいたい会社の社長さんが住んでいるという答えでした。

「ああ、そうなんか。会社の社長になればああいう大きな家に住めるのか」

子どもですから単純にそう思います。貧乏人の子ども心には大きな家が憧れでした。

そんな気持ちが芽生えていたもので、将来の夢は何かと尋ねられたとき「ぼくは将来、社長さんになります」と作文に書いたのです。

ほとんどの子どもは、学校の先生になりたい、看護婦さんになりたい、電車の運転手になりたいとかいう夢を語りますが、私の夢は社長になることしかなかった。（略）

「そんなアホなこと。お前らみたいな貧乏人は社長になれへん。もうちょっと他のこと言え」

担任の先生は、そんな風に言っていました。今にして思えば、子どもの純真な気持ちを踏みにじるなんて何たる教師かと思いますが、先生は軽い気持ちで笑いながら言ったのです。

「いや、僕は絶対社長になるんや」

私も、先生に対する反骨精神からそう言い張りました。——

少年の純粋な気持ちに水を差すような担任教師のコトバはひどいものだと思うが、それに真っ向から反発した小林少年の心意気が素晴らしい。戦後間もない時代、こうした上昇志向の少年たちのエネルギーが高度経済成長を支えていったとも言えるだろう。

「少年の夢」と学者への道

実際、小林にとっては起業の原点は「少年の夢」にあったと、「起業の鉄則塾」でも確信をもって何度も語るのだ。正直なところ筆者にとっては耳にタコができるほど聞かされてきた。

家は貧しかったというが、戦後は多くの庶民家庭はそうだった。しかし貧しいながらも教育熱心な母親の感化もあり、関西の名門校・灘中へ進学したおかげで周り（優秀な生徒たち）からの刺激を得たことがよかったと小林は語っている。

プロフィール略歴は次のとおり。

昭和13年（１９３８）神戸市東灘区本山北町にて出生
31年（１９５６）灘中・灘高等学校　卒業
35年（１９６０）大阪府立大学工学部　卒業
川崎重工業株式会社　就職
37年（１９６２）神戸大学経営学部第２課程　学士入学
38年（１９６３）中小企業診断士登録
40年（１９６５）神戸大学経営学部　卒業
42年（１９６７）技術士（生産管理部門）登録
48年（１９７３）川崎重工業株式会社　退職

この略歴で注目したいのは、「神戸大学経営学部第２課程　学士入学」という履歴である。

川重に勤務しながら夜は大学で経営学を学び、中小企業診断士の資格も取っている。夜学の神戸大学を卒業する頃、母校の大阪府立大学の教授から「おまえはサラリーマンより学者向きやから帰ってこい」と勧められたこともあった。いったんはその気持ちになったものの、大学の先生方にいろいろ話を聞いてみると、自分の性分に合わない世界であることがわかった。そこでサラリーマンを続けることになったが、このときもし学者の道を選んだとしても、やがては商売の道に入ったのではなかろうか。なぜなら、小林にとって「少年の夢」はそれほど大きなものだったからだ。

おもしろいことに小林は、学者の道にすすまないことを決心したとたん、「もう本は読むまい」と心に決めて、ぴたっと止めてしまったという。そしてあと何年かは会社勤めをしてから独立することに腹を据えたのだった。

『失敗しない　起業の鉄則』の中では、少年の夢の志が何度も強調されているのだが、小林との長いお付合いの中で筆者が注目したいことは、目標に向かって努力する生真面目さと論理的な志向性である。

「起業の鉄則十八」を自分の言葉でまとめ、それを着実に実践してきたのは、まさに生真面目さと論理的な志向性にあると思うのだ。だから大学教授からも「学者の道もある」と勧められたにちがいない。

しかし学者になっても会社勤めを続けても、「大きな家に住む」という少年の素朴な夢はますます遠のいてしまうと焦りはじめた。その夢の熱さだけが独立起業の道を決断させた。

「ぼくは一度始めたことはとことんやりぬかないと気が済まない」と小林は言う。

少年の夢を追い続けたことも、起業塾を続けてきたのもそうだ。

「起業塾」での塾長講評で、「少年の夢」を耳にタコができるほど聞かされてきたのは、努力家で生真面目な小林の原点だったからだ。

学問が実学として身に付いた

いわゆる「六〇年安保闘争」が終わった1960年（昭和35）、この後も大学紛争は続いていたが、政治の季節から経済の季節への転換と言われている。この年7月に、退陣した岸信介首相のあとを受け、池田勇人が自民党総裁に選出され、池田内閣が発足すると、「所得倍増計画」を打ち出した。

当時はすでに岩戸景気と呼ばれる後半期に入っており、1959年の実質経済成長率は10％を超え、翌年は15％以上という驚異的な経済成長を実現した。

テレビ、冷蔵庫、洗濯機などに代表される耐久消費財が安価で大量に供給されるようになっていた。１９５７年（昭和32）にＮＨＫと日本テレビでカラーテレビの実験放送が始まり、60年には各テレビ局も放送を始めている。

もっともカラーテレビの国産品は発売が始まったばかりで、一七インチ型が四〇万円もした。大卒サラリーマンの初任給が一万六千円程度だった当時、カラーテレビは高根の花で、保有台数はわずか二千台ほどにすぎなかった。それが10年後に七〇〇万台を超える普及をみせたのは、まさに所得倍増計画の表れだった。そういう時代（経済の季節）に川崎重工業の神戸本社に入社した小林は、神戸本社の企画部に配属となった。

川崎重工業と言えば、三菱重工業（ＭＨＩ）・ＩＨＩ（旧石川島播磨重工業）と共に三大重工企業の一角を成し、事業ごとにカンパニーを編成するコングロマリット大企業だ。造船から始まった事業分野は現在、鉄道車両・航空機・ガスタービン・エンジン・環境装置・船舶・特殊小型船舶・オートバイ・油圧機器等の製造・販売など多岐にわたる。

小林に与えられた仕事は、長期経営計画の作成業務だったので、大企業がいかに組織的・戦略的に事業を展開するかを目の当たりにした。大学は工学部で学んでいたが、経営というものは工学的知識だけではどうにもならないことを痛感した。

そこで向学心あふれる小林は神戸大学の夜間に入り、経営の基礎から勉強しなおすことにした。職場の直属上司は、小林の勉学意欲に理解を示してくれたので、定時には退社することができた。本社が東京浜松町に移転したときも「小林は学業があるからここに残れ」と上司は理解してくれた。

「レジャー時代の到来」と言われ、フランス語のバカンスに「ルック」をつけた和製語「バカンス・ルック」が流行語になっていたが、小林はそんなムードに浮かれることなく勉学にいそしんだ。退社後の六時から九時までみっちり三時間、それが毎日２年間続いた。「学生時代と違って、実社会での経験をすると、学問が実学として身に付くようで面白かった。この頃がいちばん本も読んだ」と小林は語っている。学者の道をすすめられたのもちょうどこの頃である。

しかしその道は選ばず、１９６３年（昭和38）、将来何かの役に立つだろうと、中小企業診断士の資格を取得・登録もした。

神戸大学経営学部を卒業した２年後（１９６７）には技術士（生産管理部門）としての登録も行った。入社７年目の29歳、この頃は生産管理部門の技術者として新工場の立ち上げに携わるなど、組織をいかにシステムとして動かしていくかという貴重な経験を積んだ。

小林の経営の中に、「仕事の簡素化・単純化を徹底する」「管理システムで業務の単純化を図る」といった言葉が出てくるのは、生産管理部門の知識や経験が大きく反映しているからだろう。

「5年先、10年先を見てしまった」

川重に入社して4年目の1964年（昭和39）の10月に、東海道新幹線（東京―大阪間）が開業し、オリンピック東京大会が開催された。大阪万博が千里丘陵で開催されたのは、この6年後（1970年）だった。

いざなぎ景気（昭和40年下期～45年下期）と呼ばれるこの時期、造船、鉄鋼、自動車、家庭電器、合成繊維、化学肥料など多くの産業部門で世界1、2位を争うまでになっていた。1968年（昭和43）には国民総生産の規模は西ドイツを抜き去り、アメリカに次ぐ世界第二位にのし上がった。ただし一人当たりの国民所得は20位前後ということだったが、日本の国際的地位がグンと高まっていった。

産業の基盤と言われる重厚長大産業の川重においても当然、この成長とともに発展した。そんな大企業のサラリーマンとして収入・生活ともに安定しており、小林の将来に何の不安もなかった。いずれは会社の中枢を担うようになる人材であることも自負していた。

社内で周りを見渡すと、多くの先輩や同期の社員たちは、酒席などでは不満や愚痴をこぼしても、定年まで働き続けることに何の疑問もないようであった。「終身雇用」を保証された大企業のサラリーマンであれば、家のローンを組むのもたやすいし、本人がその気になれば見合い話も数多く寄せられる。女性を口説くという技を知らない小林にも見合い話は度々きた（実際数回は見合いをしたそうだが、まとまらなかった）。

入社10年を過ぎた頃から小林は、時折、胸のうちに秘めていた「少年の夢」が度々頭をよぎるようになった。しかし、会社を退職したところで、自分は一体どんな仕事・商売をしたらよいのか、まったく見当がつかなかった。安定した生活だけに迷っていたのだ。

独立後の小林の営業力や行動力には目を見張るものがあるが、川重では営業部門に在籍したことがなかった。営業職は広い世間に出て多くの人とさまざまな話題を交える。酒を交わす中で仕事を離れた世間話もするだろう。そういう人間付合いの中で、新しい世界を垣間見て、それにチャレンジしてみようという気になるかもしれない。しかし、小林は川重で外部の人と多く接する営業の経験をしていなかったし、大学通いをしていたので先輩や同僚らともアフター・ファイブの席に座ることがほとんどなかった。その意味でも小林は社内で夢を語り合える友人ができず孤独だったかもしれない。

本社の中枢部の仕事をしていても、先輩たちの業務といえば、毎日机に向かってチンチン、チンチンと音の出る手回しの計算機で計算業務をこなしている。経営企画部門の中枢の仕事なのだからそれなりの生産性はあるに違いないが、作業はあまりにも退屈で創造性があるとは思えなかった。

「事業とは総合的な創造力である」と、のちに事業家となった小林は言う。

しかし大企業という組織の中ではどうしても歯車の一つにならざるをえない。むろん歯車は歯車なりに創造力は発揮できるわけだが、「先輩たちの姿に自分の5年先、10年先を見てしまった」と小林は述懐する。

「そうだ、やっぱり自分は、人生をまっとうするには商売するしかない」

しぼみかけていた少年の夢がまた膨らんでいった。あとはいつ退社するか、その時期の問題だった。

「商売のイロハ」も知らぬまま

「腹を括って危険な丸木橋を渡るしかない」

これは、大企業の安定した収入を投げうって独立したときの小林の心境である。ようやく見合い結婚が成立して、すでに一子が誕生していた。

幸いなことに新妻は退職・独立を反対しなかったが、一人で危険な丸木橋を渡りかけたときも、まだどんな商売をしたらよいのか、小林自身まるでわかっていなかった。退職してからも半年あまり、もんもんとする日が続いた。「この半年間は悪夢だった」と小林は振り返る。

そんなある日、友人から工芸画の販売をすすめられた。世界の名画を印刷した上にそれらしく筆のタッチをつけた絵で、大きさは三号から百号まで、値段は六千円から十万円まであった。小林はとくに絵の趣味はなかったものの、モジリアーニやルノアールといった印象派の絵画は売れるだろうと直感した。

1973年（昭和48）、友人に紹介された有吉画材工業（株）の専務から絵の知識やノウハウを少し勉強してさっそく「こうなん美術」という個人経営の会社を設立し、住宅地の中のテナントビルに店舗を構えた。結婚する前に購入していた芦屋のマンションを売ってその資金に当てた。ワラをもつかむ思いの背水の陣だったが、小さいながらも「一国一城」の主になった気分だった。


これより3年前（1970年）には日本万国博覧会（EXPO70）が大阪府吹田市の千理丘陵で開かれ、その翌年8月には、いわゆる「ドルショック」が起こり、一ドル360円の固定相場から変動相場に変わることが決まった。1972年には、日中国交正常化、沖縄返還。田中角栄首相の「日本列島改造論」が開発ブームを巻き起こし、土地神話・土地バブル経済が始まった。

ところが「こうなん美術」を設立したその年に、第四次中東戦争が勃発すると、列島改造政策はどこかに吹き飛び物価は急騰、翌年には実質経済成長率は戦後初のマイナス成長を記録した。政界スキャンダル（ロッキード事件、田中角栄逮捕など）や不況の中での船出だったが、景気はゆるやかに回復しつつあったし、「消費は美徳」の風潮は続いていた。

日本に大衆車（マイカー）時代の幕が開いたのは、1966年（昭和41）に日産のサニーやトヨタのカローラが登場した頃と言われる。「マイ・ホーム」時代もそれと歩調を合わせるようにすすんでいった。

戦後間もない頃、都市住宅の75％以上が借家だったが、「住宅金融公庫」（1950年）や「公営住宅法」（51年）に伴い国を挙げて住宅建設を奨励し、マイ・ホームをもつことはサラリーマンの夢となっていた。工芸画はそのマイ・ホームの壁を飾るのにふさわしいと小林は直感的に思っていた。だからこそマンションの売却資金で、「こうなん美術」の店舗を構えたわけだが、いくら待っても来店客は皆無といってよいほどだった。

中小企業診断士の資格を取得していたので兵庫県の嘱託診断士になり、何社かのコンサルタントの仕事をしたが、家族を養える収入には至らない。もとより小林は自身の商売で成功を収めようと独立したのだから、そちらのほうで頭がいっぱいで不安な日々を過ごしていた。そんな不安と恐怖の中、夜同じ夢を何度もみた。川重に戻ってみたものの、タイムカードがなく社内でうろうろしている夢だった。

店舗を構えて数ヵ月たっても状況は変わらなかった。青くなっている小林に知人の先輩は言った。

「こんな商売、金持ちの隠居さんがするようなもんや」

そう言われて初めて気づいたというのだから、小林がいかに商売を甘くみていたかということになる。学者になれるほどの頭脳の持ち主でも「商売のイロハ」の知識・経験は皆無だった。そのことを認識していながら、商売のイロハの勉強をせずに危ない丸木橋を渡ってしまったのである。

しかしある意味、この大失敗が結果的には次なる飛躍のバネになったのだ。

「小林さん、どこで丁稚奉公してましたんや」と言われるまでに、小林は商売人の顔になっていくのだった。

サラリーマン時代（川重）

川重時代　資金調達から建設・レイアウト・生産システムまで担当。小型エンジン工場建設現場

川重時代　32 歳（S45）

和暦	西暦	小林宏至（甲南グループ）	社会の出来事
昭和13	1938	神戸市東灘区本山北町にて出生	国家総動員法制定 物資の配給制
14	1939		第二次世界大戦が始まる
19	1944	6歳。本山第一小学校入学	学童疎開
20	1945	7歳	広島・長崎原爆投下、ポツダム宣言・無条件降伏
21	1946	8歳	天皇陛下人間宣言 婦人参政による初めての総選挙が実施される 空前の出版ブーム
22	1947	9歳	日本国憲法施行。教育基本法、労働基準法の公布 第一次ベビーブーム（出生２７１万人余）
23	1948	10歳「将来、社長さんになる」と作文に書く	日本脳炎の大流行 大韓民国（韓国）と朝鮮民主主義人民共和国（北朝鮮）が成立
24	1949		1ドル＝３６０円（単一為替レート実施） 湯川秀樹がノーベル物理学賞を受賞 中華人民共和国が成立
25	1950	12歳。灘中学校入学	警察予備隊（のちの自衛隊）設置 朝鮮戦争が起こる 池田勇人蔵相「貧乏人は麦を食え」発言
26	1951		サンフランシスコ講和条約及び日米安全保障条約に調印

和暦	西暦	小林宏至（甲南グループ）	社会の出来事
昭和28	1953	灘中卒業、灘高等学校入学	NHKテレビ放送を開始 朝鮮戦争休戦協定調印
29	1954		自衛隊が発足 プロレスブーム、街頭テレビに黒山の人
31	1956	灘高卒業、大阪府立大学工学部入学	三種の神器「白黒テレビ・洗濯機・冷蔵庫」 日本が国際連合に加盟 流行語「もはや戦後でない」「一億総白痴化」
33	1958		東京タワー完成
35	1960	大阪府立大学卒業、川崎航空機工業株式会社（現・川崎重工業）入社。本社経営企画部所属	国民年金制度発足 マイカー時代の幕開け
37	1962	神戸大学経営学部第2課程学士入学	機械製品輸出が繊維製品を抜く ツイスト大流行 キューバ危機 ビートルズのデビュー
38	1963	中小企業診断士（鉱工業）登録	経済白書「先進国への道」発表 老人福祉法制定 ボウリングが人気 ケネディ大統領の暗殺
39	1964		東海道新幹線が開通 東京オリンピック開催 大気汚染や騒音公害

和暦	西暦	小林宏至（甲南グループ）	社会の出来事
昭和40	１９６５	神戸大学経営学部卒業。発動機事業部へ転籍	下半期からいざなぎ景気（～１９７０年まで） エレキギターブームが起きる 米軍、ベトナム北爆開始
42	１９６７	技術士（生産管理部門）登録	国民の９割が中流意識（国民生活白書） 公害対策基本法公布 フーテン、アングラ、ヒッピー族が出現 第３次中東戦争
44	１９６９		東名高速道路が開通 アメリカのアポロ11号が人類初の月面着陸に成功
45	１９７０		ＥＸＰＯ70大阪万博開催 赤軍派、よど号ハイジャック事件 三島由紀夫割腹自殺
47	１９７２		田中角栄「日本列島改造論」発表 浅間山荘事件（新左翼組織連合赤軍） 第２次ベビーブーム
48	１９７３		第１次石油ショック 変動相場制で円が急騰（１ドル２６４円） 日本各地でトイレットペーパーや洗剤の品切れが続出

第3章

第一創業で学んだこと

1

熱意と行動とタイミング

「屋台精神こそが成功のもと」

これも小林がよく口にする言葉である。

小林は、サラリーマン時代は独立を目指して勉学に明け暮れ、起業してからはがむしゃらに走った。生来の生真面目さに商売人としての自覚が生まれ、マージャンや接待飲食や接待ゴルフなどは無縁な生き方を貫いていった。

店舗で客待ちしていたのでは埒があかないことに気づいた小林は、まるで近江商人のように百貨店への営業に走り出したのだ。そのときの思いを小林は、資金力もない商売の原点として「屋台精神」と呼ぶわけである。それはまた起業家精神の原点でもあると。

会社勤めでは営業経験がなかった小林だが、組織全体の仕組みや、そこで働く組織人の心理をしっかり観察していた。

「組織の中の人間関係とか上下関係、仲間の関係など、組織人の心理を知らないと、ビジネスの交渉をする上でも話がうまく進まないこと」を、小林は13年間のサラリーマン時代に実感していたのだ。営業の経験はなくても、誰と交渉すべきかわきまえていた。

とにかく現場担当者ではなく、決裁権のある担当者とつながることが肝心なのだ。

だから初めていく百貨店の営業は、いつも飛び込み営業だったというのも、組織の実際を知っていたからだろう。電話してアポをとろうにも、なかなか会ってはくれない。飛び込み営業は無駄足になることも少なくないが、「仕入れ担当の方のお名前は？」と窓口で尋ね、運よくその担当者がいれば、とりあえず会って話を聞いてもらえる可能性が高い。がむしゃらな営業をせざるを得ないところまで追い詰められていたということもあるが、「熱意と行動とタイミング」が営業の基本であることを百貨店への営業で体得していった。

初めての交渉が成立した神戸大丸では、インテリア売場の一角の壁に工芸画が陳列されたが、芳しくなかった。ところが、売場担当者の機転で、階段の壁に陳列したところ、飛ぶように売れていったのだ。そこで自信をつけた小林は、大阪や京都など次々と新たな百貨店への営業を展開していくことになった。

数多い種類の工芸画の中で、売れ筋商品とそうでない商品がある。しかし、あまり売れないからといってその絵を除外するのはよくない。売れ筋商品を切らさないように在庫を持ち、あまり売れない絵も陳列しておく。ファッションと同じように、絵画の好みは人それぞれだから、豊富な品揃えをすることが購買心理をくすぐることになる。小林は工芸画の販売で商売のイロハ、薄利多売の大量販売のコツを学んだのだった。

イロハと言えば、取引先の担当者との人間関係を良好にするというのもそれに該当する。

取引先の百貨店が増えていくにつれ、小林は商売人としての自信もついてきたが、担当窓口の人たちに「こいつ学歴を鼻にかけて」とか、「気に食わんやつ」と思われないような対応をした。川重に勤めていたとか学歴のことなど個人的なことはいっさい語らないというのも対応の一つである。

やがて百貨店や商社の担当者から、「小林さん、どこで丁稚奉公してましたんや」などと言われるまでになったとき、小林はようやく商売人になれたと思い、嬉しかったと語っている。

商売人としての哲学

工芸画という商材の販売からスタートした小林が、百貨店での販路を広げながら、商売の面白さだけでなく、その奥深さを知っていく。そして多忙の中でも、「商業界」が主宰するゼミナールに積極的に参加して、商売とは、商売人とはどうあるべきなのか、そのことを深く考えるようになった。

初めてこれに参加したのは1977年（昭和52）というから、工芸画の次にインド民芸品や更紗などの販売を始めた頃だった。神戸三宮にあった星電社の後藤博雅社長から誘われたのがきっかけだった。以来、小林はできる限り商業界のゼミナールに出て、故・倉本長治の「正しい商人道」の教えを心に刻み込んでいった。

小林の処女作『失敗しない 起業の鉄則』の中に、倉本語録が4ページにわたり紹介されているが、その中からいくつか拾ってみる。

●商売をして儲かるということは、お客から金を奪うということではない、お客という消費者の利益を増大することなのである。
●不況の時にも耐えられる経営が本当の健全経営なのである。
●商人は敵をつくってはいけない。不景気でさえも味方につけよ。
●艱難が人間を磨くように、不景気は商人を鍛える。
●平凡な商人には急激な繁盛がないと同時に、緩慢な失敗がある。

小林はこの倉本の名言のほか、井原西鶴が説いた「4つの商人道」や松下幸之助の言葉なども紙に書いてトイレの壁に貼り付け、頭の中に叩き込んだ。

西鶴の商人道の一つに、「正直な商法で約束を守り、お客や取引先の信用蓄積が何よりも大事」というのがあるが、小林が第二、第三創業を成し遂げてこられたのは、まさに商人道のおかげだろうと、傍から見てもつくづく思う。

ダイエー、ニチイ、ジャスコ（イオン）、長崎屋、イトーヨーカドー、ユニーなど、「戦後日本の流通業経営者の多くは、この商業界で学び育ったといっても過言ではないほどです」（前著）と小林は書いている。毎年2月には全国から何千人もの商売人が、三日間の日程で開催される箱根ゼミナールに参集したそうだが、残念なことに、商業界は2021年に倒産してしまった。五冊目となる小林の著書『商人道と起業の鉄則』も商業界から出版される予定になっていただけにショックだった。二十年来の出版不況と言われるなか、ITやAI情報の普及の影響もあり、月刊誌なども出していた商業界の出版事業がゆきづまったせいかと思われる。

小林が商業界のゼミナールに初めて参加した年（1972）より数年前から、工芸画の売上が下がっていた。そこで小林は、「動かない水は腐る。店も品も動かないと腐る」

という倉本の言葉を先取りしたように、インド工芸品と更紗の販売を始めていた。「店も品も動かす」という小林のビジネススタイルは、第一創業期の2年目から始まっていたのである。そして商人道の徹底が図られていく。

効率のよいドミナント戦略

工芸画という商品力は実に素晴らしく、神戸大丸を皮切りに1年もしないうちに千里から大阪一円の有名百貨店のほとんどすべての店舗と取引できるようになった。同時期に、東京の八重洲口の大丸にも納入できるようになり、テレビの通信販売で十数秒のコマーシャルを流しただけで注文が殺到するという経験もしたが、市場としては魅力のある東京は間もなく撤退することにした。

関西だけでもまだやるべきことはたくさんあり、販売ルートを点から線に、線から面にしていくべきと考えたのだ。効率を高める商売の常とう手段「ドミナント戦略」を考えて東京撤退を判断したのだった。商業界のゼミナールに参加する前のことだったが、中小企業診断士の資格をもつ小林にとって、こうした商売上の戦略（「ドミナント戦略」）

は当然の選択だったのだろう。

線でつながった関西一円の百貨店の売場にはアルバイトを派遣して、小林は納品のときに各売場の状況を見て回った。そんなある日、こうなん美術の派遣社員が同じ売り場で他社の民芸品を売っていた。「なぜうちの商品を売らず、よその商品を売るのか」と小林が問うと、「この民芸品のほうがよう売れますし、百貨店の人が売れっていいますねん」と答えた。

小林としては理屈に合わないことだと思ったが、「こうなん美術」は百貨店の信用というノレン（ブランド）の下で場を借りている店子にすぎない。百貨店は、面積当たりの売上目標を確保するために商品の品ぞろえに知恵をしぼる商売である。とにかく限られたスペースで売れる商品を並べなければ目標を達成できない。

工芸画が売れなくなれば、せっかく確保した売場を明け渡すことになる。小林はすぐ頭を切り替えて、民芸品の輸入商社と交渉し、工芸画と合わせて民芸品も売るようになった。

民芸品を売り始めた１９７５年（昭和50）は、海外旅行が自由化（１９６４年）されて10年過ぎた頃だったが、まだ誰もが気楽に行ける余裕はなかった時代。一流企業のサラリーマンでも一日の小遣いが千円程度ということで「千円亭主」という言葉がはやっていた（ちなみに半世紀たった昨今も、一流は除くとして、千円亭主は変わっていないのでは？）。

海外旅行へのあこがれが、世界の民芸品ブームをつくりだしていたのかもしれない。小林は民芸品に続いて、同じ輸入商社からインド更紗を仕入れて売り出したところ、幅広い年齢層の女性に売れて、朝から晩まで値札付けに忙しい毎日になった。

2年ほど好調に売れていたが、ある日、阪急百貨店で縫製が悪いとクレームがついて販売停止となった。インド更紗の人気はまだ続いていたが、小林は山のような在庫をバーゲンで売り切って、あっさりと手を引いた。その後もインド更紗を売り続けていた同業者はほとんど倒産に追い込まれたそうだ。この素早い判断こそ小林の真骨頂である。

この時期、商品アイテムも取引先も百貨店にしぼり、効率のよいドミナント戦略を実践したことが成功の要因だったと、小林は振り返っている。

自立心を奮い立たせてくれた師匠

「ありがたいことに、ぼくにはいつも新規の商売を教えてくれる師匠がいた」

これも小林の人となりをよく表している言葉である。

何か新たな商材を探しているときには、必ずと言ってよいほど良き人との出会いがあり、小林はその人たちを商売の師匠だと、感謝の思いを込めていうのである。

もちろん偶然に出会うのではなく、自ら求めて動いた結果なのだ。

インドの民芸品も更紗も数年で売れなくなってきて、小林は次に代わる商材を探し求めていた。次の商材はもっとライフサイクルが長いものが欲しい。百貨店という売場を維持していく以上、もっと高級志向で耐久消費商品がないものか。そこで目をつけたのが、当時、高級志向のニーズにあった唐木家具だった。

その家具を販売する店が神戸市東灘区の住吉にオープンしたので、小林はすぐその店を訪ねた。中国製だが値段は十万円から、四、五百万円まで品ぞろえは豊富だった。これはいけると直感した小林は、その場で吉田社長に面談を申し込み、「高島屋でこれを売らせてほしい」と交渉した。

こういうときの小林の熱意は相当なものだろうと想像できる。

「簡単に売れるものではないで」と最初は否定的だった職人気質の吉田社長を、「一緒にやるならやりましょうか」と言わせてしまったのだ。

それからのいきさつについては省略するが、高島屋での最初の一週間に一千万円以上の売上があった。吉田社長が売場にはりついてくれたからだ。百貨店の側でも今後の期待をしてくれたが、次の週から吉田社長が売場に来てくれなくなると、結果はさんたんたるものだった。

商品知識のない者がこんな高級品を売れるはずがなかったのだ。このままでは百貨店の信用を失うどころが、せっかく維持してきた売場そのものから撤去しなくてはいけない。他の百貨店の民芸品売場でクレームが発生したり、社員が突然辞めると言い出したりで、小林はそうした処理にも走り回っていた。

そんなピンチの中でも小林は、「このままでは売場を維持できません。なんとか手伝ってもらえませんか」と吉田社長の元へ日参したが、

「百貨店の売場は甲南さんのだす」と言って取り合ってくれない。だが、それでも小林が粘って頼み込むと、「それなら仕事が終わった夜なら相談に乗ってあげる」との返事。

それからの毎晩、小林は一週間通い詰めて、唐木家具の商品知識やセールスポイントをみっちりと教えてもらったのだ。おかげで唐木家具の販売は10年近く続くことになった。

「このときもし唐木家具の販売を諦めていたら、その後の第二創業はなかったでしょう」と小林は言う。

そしてさらにこうも言う。

「吉田社長が私を助けずに突っぱねてくださったことが、私の自立心を奮い立たせることになったと、今でも感謝しています」と。

小林が「師匠」という意味はそこにある。つまり本当の意味での商人の心技を教えてくれたということである。

のれん借り商売からの脱却

1979年（昭和54）から休止を挟んで延べ10年近く続いていた百貨店での商売を撤退したのは1993年のことである。2年前にはバブル経済がはじけていたこともあり、高級家具へのニーズは一挙にしぼんでしまった。

唐木家具の販売を続けながら、この間に小林は健康産業の仕事にのめり込んでいた。それほど小林にとっては魅力的な商売だったようだが、マルチまがいの商法に嫌気がして手を引いた。

唐木家具の販売と健康産業を並行していたときは売上が5億円を突破しているが、健康産業を辞めた頃から赤字を計上するようになった（資料編256〜257参照）。

社員は十人ほどいたがリストラもままならず、精神的にも経済的にも最悪の状態で、夜も眠れない日が続いたという。そんな状態が2年間も続いたというから、後々振り返ってみたら、小林はこの時期にまた一回り商売人としても成長したのだろう。そしてこの苦しみがあったからこそ、現状からの脱却に向かう気にもなったのだ。

しかし新規事業を模索しながら、これといったアイデアも知恵も浮かばない。発想の転換をしろとよく言われるけれど、人は経験を重ねていくと、その範囲内で物事を考える習性ができてしまう。これまで積み上げてきた百貨店での信用もある中で、飛躍した発想はなかなか出てくるものではないだろう。

そんな中で小林がこれまでの商売を振り返ってまとめたのが、「のれん借り商売からの脱却」という路線だった。それはどのような路線であるべきなのか、紙に書いて次の5点にしぼりこんだ。
1．のれん借り商売から自己ブランドの商売

2．足し算商売から掛け算商売
3．固定費商売から比例費商売
4．動の商売から静の商売
5．情報社会に適応したような商売

こういう的確な言葉でまとめられるのは、中小企業診断士資格をもつ小林の客観的な視点があるからだろう。これがもし第三者から提示されたテーマであったら、それなりの納得はしても、即座に実行に移すかどうか。

「なるほど、よくわかりましたが、せっかく築いた信用を無駄にしたくない」などと思うかもしれない。あるいはまた、「商売はやはり営業力が大事、すなわち動の商売ですよ」と言うかもしれない。

しかし小林は第一創業を総決算する覚悟で、これまでの仕事を続けながら、のれん借り商売からの脱却、すなわち、右の5つのテーマに沿って着々と、第二創業の準備を進めていたのだった。

「アートビューゆとりろ」店舗（S48　35歳）

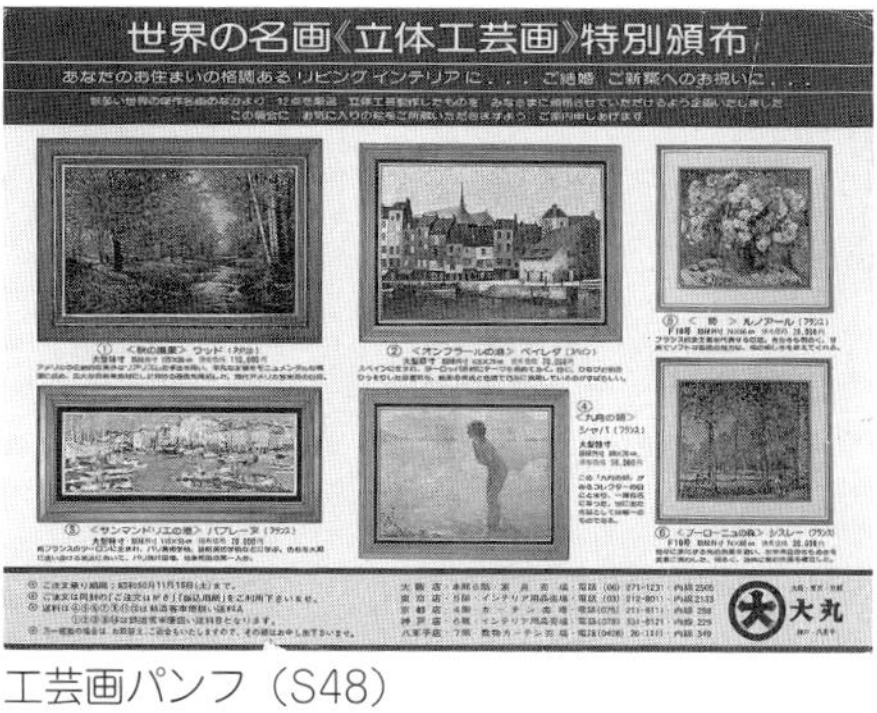

工芸画パンフ（S48）

第4章

第二創業での躍進

2

バブル経済に浮かれる中

第二創業の入口にあった1986（昭和61）は、まだバブル経済の真っ盛りだった。この年に第3次中曽根内閣により国鉄の分割・民営化に向けた行政改革が始まり、翌年（1987）4月に日本国有鉄道（国鉄）は6つの地域別の旅客鉄道会社JRと1つの「貨物鉄道会社」に分割・民営化された。同時期に日本電信電話公社（現NTT）や日本専売公社（JT）の民営化が進められた。

そんな中、景気のいいニュースが世間をにぎわせていた。

全国上場企業の4分の1が「財テク」などで高収益をあげた（昭和61年）。

NTT上場株が最高値318万円になった。

安田生命火災保険がゴッホ「ひまわり」を53億円で落札した（昭和62年）。

富豪世界一は2年連続で西武鉄道グループの堤義明、10位までに日本人が五人と、米「フォーブス」誌が発表した（昭和63年）等々。

高級ブランド品が飛ぶように売れ、ネオン街にも札束が飛び交い、猫も杓子もといった感じでマネー・ゲームに浮かれていた。株の相場師だった父親の背を見てきたせいか株には手を出さないと決めていた小林は、第一創業期の事業の整理と第二に向けた歩みを着々とすすめていたのだった。

百貨店（のれん借り）の売場から脱却するために小林が一番目に掲げたのが、「のれん借り商売から自己ブランドの商売」ということだった。そうなると自分の売場を設けなくてはならないので固定費がかかってくる。それを比例費商売にするというのはどういうことなのか？　それに加えて、足し算商売から掛け算商売、動の商売から静の商売、情報社会に適応したような商売など、合わせて5つのテーマをまとめる商売など本当にあるのか？

頭で考えていてもラチが明かないので、街に出ていろいろな店舗の形態をリサーチしていると、（株）ニュービジネス研究所の社長でコンサルタントでもある佐藤宏氏という友人から1つの情報がもたらされた。

「洋服の修理業をやらないか」というのである。

まったく思ってもみない業種で小林は一瞬きょとんとしたが、佐藤氏は続けて言った。

「これは軽装備だし、固定費もあまりかからない。在庫はゼロで、しかも現金の前払いですよ」

それを聞いた瞬間、小林は「これだ」と直感し、すぐさまリサーチとともに準備に取りかかった。

ファーストペンギンにはならない

起業するときは危ない丸木橋でも勇気をもって渡るしかない。小林は独立したときの自らの経験からそう言うが、同時にまた、「自分の身の丈にあったことをする」ことや、「屋台精神こそ成功のもと」とも言う。要するにこれらの言葉は、起業のときは背伸びせず、なおかつ情熱と行動力が必要不可欠ということだろう。

前章でみたように小林は実際そうして第一創業期を走りぬいてきた。そして第二創業に入るときは、より具体的な目標設定のもと行動に移していった。創業期と大きく異なる点は、テーマと目標設定が非常に明確だったことに加えて、より慎重になったということだろうか。どんなビジネスにもリスクはつきものにしろ、「危ない橋」は避けて通るために、事前のリサーチを時間をかけて行ったのだ。

「洋服の修理業をやらないか」と友人から言われた小林はさっそくそのリサーチにか

かった。調べてみると「ドクターリフォーム」という店が京都にあり、チェーン展開を始めていた。そのオーナーは、ハリスチューインガムの創業者で事業家として成功した森秋廣という人だった。

さらに調べてみると、洋服のリフォームという商売は小林が起業して間もない頃、東京や大阪のデパートに修理コーナーができていた。10年ほど前のその時期は、「消費は美徳」から「節約は美徳」という気運も生まれていた。リフォーム業は大きな発展はしなかったものの、京都の「ドクターリフォーム」は地に足をつけた商売になっていることを小林は自分の目で確かめることができた。

現に商売が成り立っているということは一定の需要があるということにほかならない。しかも小林が掲げた5つのテーマにもぴったりだった。

1986年（昭和61）、この商売のため「コーナンファース」を設立し、「私のお針箱」というブランド名でチェーン展開をしていった。「固定費商売から比例費商売」というテーマと、「のれん借り商売から自己ブランドの商売」という4つのテーマの実現は適ったわけである。

小林は、「私のお針箱」という事業は「第一走者ではなく二番手」であり、そのこと自体がこの分野に進出する決め手でもあった、と言う。

「第二走者は、第一走者の成功した方法を学んでいますから、開拓者のリスクを負わずに走ることができるからです」

小林が起業塾で口癖のように、「リスクの少ない二番手商売」を強調するのは、第二創業で最初に手掛けたこの経験則に基づいている。

テレビ番組の影響か一昨年（2022年）、ファーストペンギンというのが流行っていた。常に集団で行動するペンギンは、群れを統率するリーダーやボスはいないが、最初に行動を起こした1羽に皆が従う習性があるという。

「そのことから、ベンチャー精神を持って行動する個人や企業家たちを尊敬も込めてファーストペンギンと呼ぶようですよ」

ある日、筆者がそう言って小林に問いかけてみると、苦笑いしながら言った。

「そうやって失敗した人を数多くぼくは見てきた。ニーズがあるかないかもわからない新たなビジネスの開拓でファーストペンギンになれるのは、大企業か余裕のある資産家です」

そう言われてみたら、納得せざるを得なくなる。第二創業期の小林のビジネスは常に第二走者（セカンド・ペンギン）として成功を収めていったのだから。

ビジネスモデルの変革

「コーナンファース」として始めた「私のお針箱」は現在、関西圏に50店舗ほどのチェーン店にまで発展しており、経営は小林の次男が引き継いでいる。

ここまで成長できたのは4店舗目を出して間もなく、いろいろと問題が起こったため、経営の方針をがらりと変えたことが大きな要因であったことは間違いない。

第一の問題とは、固定給の人件費や家賃を含めた固定費を払ったら、ほとんど利益がない赤字状態が1年以上続いたことである。

店舗の広さはショップ内でも路面店舗でも八坪ほどで、ミシンや糸類、看板など一通りを揃えるだけで何百万円もかかる。それでも小林は、第二創業のテーマの一つである「足し算から掛け算の商売」になると期待していたのだった。

ところが1年以上経過しても固定費の負担で赤字続きだった。この商売の大きな問題点は、腕のよい職人を雇い入れる必要がある100％労働集約的な仕事であることだった。「材料の糸が足りない」とか何々が欲しいと細かなことを言われて、ちょっとでも小言を言おうものなら辞めると言い出しかねない。腫れ物でもさわるような感じで機嫌取りまでしなくてはならない。

そこで小林は、雇用者（店長）と話し合って経営方針を「経営委託制度」に変えることにした。つまり雇用者との労使関係をなくし、店長を共同経営のパートナーとしたのである。

利益は適正に分配することと店舗の家賃を払うことを条件に、翌月からは人件費や材料費は店長に負担してもらうというものだ。店長になる人は自分の裁量で人を雇う。それも仕事量に応じた契約である。すなわち店長だけでなく、そこで仕事をする職人の全員が事業者というわけだ。

この方針転換を聞いた店長の中には不安を感じたのか、固定給のほうがいいという人もいたが、結果的には店長の給与は増えることになった。やはり人間はそれなりの欲をもたないことには事業の発展につながらないことを、この経営方針の転換によって小林は改めて認識したのだった。

「私のお針箱」が12店舗になった1990年（平成2）には、甲南グループとしての売上は10億円を突破した。この頃には、「こうなん天徳」というみたらしだんごの店も始めており、チケット販売の「甲南チケット」を始めたのもそれから間もないときだった。そこそこ繁盛していた「こうなん天徳」は、１９９４年（平成６）に「食品の歩留まりの悪さ」という理由から撤退したが、１９９５年（平成７）には携帯電話Ｊフォンの販売店「パルショップ」も立上げ、こちらは５年間続けている。

１９９６年（平成８）には、グループの売上が50億円を突破し、ＪＲ摂津本山駅の近くに本社事務所のビルを竣工した。その５年後、２００１年（平成13）には靴やバッグの修理店「くっく・ばっく」のチェーン展開も始めている。言うまでもなく、これも「私のお針箱」のビジネスモデルによるものだ。日本経済が沈滞し続ける中で、モノを大事にする節約志向の風潮から生まれた需要の商売といえる。

還暦を挟んだ前後数年間の小林は、５種の商売を同時並行で展開しており、まさに八面六臂の活躍である。

やがて甲南チケットの急成長ぶりで、２００２年には売上１００億円を突破した。

プロの技「スクラップ&ビルド十八の法則」

振り返ってみると、第二創業が始まる1986年（昭和61）からの数年間は、小林の商売だけでなく人生そのものが苦しい時期だった。離婚によって家庭崩壊の寸前まで至り、思春期を迎えた子育てのことにも悩み、心身ともに疲労していた。

日本は戦後の焼け跡から驚異的な復興をとげ、国民総生産では世界第2位にまで上りつめたが、世界から半ば嫉妬まじりにエコノミックアニマルと呼ばれたりもした。戦時中の飢餓感を体験した世代にとって、その呼称はある意味勲章であったが、物質的・経済的な豊かさとともに社会全体にひずみが生じてきた。

初めての金属バット事件（息子が両親を撲殺）が日本国中を震撼させたのは1980年（昭和55）のことだった。幸福な家庭の「よい子」がなぜ?というのが世間一般の思いだったが、子は大人の背中を見て育つと言われるように、大人社会への不信感と反抗のノロシにすぎなかった。その後も似たような事件は起こっている。

バブル経済前後の日本社会を端的に物語るのが青少年の非行問題である。安保闘争に始まる大学紛争はだいぶ以前におさまっていたが、学校内での暴力沙汰やシンナー遊びなどが高校から中学、小学校というように低年齢化していった。

１９８６年の流行語に、「家庭内離婚、新人類、プッツン」というのがある。頭に血が上り突然キレる（怒りだす）ことをプッツンと言うわけだが、プッツン現象の広がりで学級崩壊が起こり、学校崩壊と言われるまでにエスカレートしていった。児童相談所に寄せられる家庭内暴力の相談件数は１９９０年頃から急増した。この頃の小林が家庭問題で悩んだことは日本社会全体の問題でもあったのだ。やがてバブルも崩壊した。

そんな時期に小林は、非行に走りそうな次男には「心からの愛情をそそぐしかない」ことに気づき、自身の少年の夢の続きとなる、第二創業のテーマの実現に必死に取り組んでいった。

「私のお針箱」や「こうなん天徳」「甲南チケット」「パルショップ」など、業種的にはまるで関連のない商売をよくできたものだと、正直なところ商売が苦手な筆者には、このエネルギーのすごさには圧倒されるのだ。人生の苦しさを乗り越えるためだったのかと想像もしたくなる。

しかしよくよく考えてみれば、事業家（商売人）の人生というのは、本業の舞台で情熱をそそぐことが即ち生きることである。プロ意識があるなら、どんな職業人においても、本業の舞台に生きることが生きがいなのだ。

事業を始めて二十数年が経過した小林には、「商人道」追求の情熱とともにプロとしての自負がいっそう高まっていた。第二走者として新規の商売をスタートするというのもプロ意識のなせる技である。

たとえば携帯電話の「パルショップ」1号店は、神戸で売上ナンバーワンと言われていたライバル店のすぐそばに出店した。「あの店の隣にわざわざ出すなんて、自殺行為ですよ」と業界の人はあきれ顔で忠告した。だが、小林はあえて競合店のそばに出したのだ。もちろん必ず勝つ目標を立てたわけだが、プロとしての覚悟のほどが問われてくる。

実際、小林は勝ちぬくために、店長をはじめバイトの販売員のモチベーションを最大に高めるように目標設定をして、その達成ごとに金一封を出した。ほかにもいろいろ工夫をして、やがてライバル店を追い抜いていったのだった。

「パルショップ」はその後、4店舗まで出店したが、5年後の2000年（平成12）にはM&AでH通信に売却して完全撤退した。小林の言う「スクラップ&ビルド十八の法則」（コラム5）というのは、まさに二十数年間に築いてきた勝ち抜く商売の法則と言ってよいだろう。

チェーン店舗の場所（立地）を変えたりするのもスクラップ&ビルドの一つだが、「パルショップ」の場合は、携帯電話の普及率が上がるにつれ魅力ある商品ではなくなったがゆえの撤退だった。これもまたプロの技としての即断であった。

阪神・淡路大震災で奮い立った

小林の商人道の情念を物語るエピソードがある。それは1995年（平成7）の阪神・淡路大震災の時だった。

1989年（平成1）、チケット販売の「甲南チケット」1号店はJR岡本駅近くに出店し、その年に続いて西宮店（2号店）を出した。この頃はまだ唐木家具の販売を続けながら、撤退時期を模索していた。

そして1991年（平成3）、生田ロードJR高架下に「甲南チケット生田店」を出すと、立地の良さからチケットは飛ぶように売れていった。これでチケット販売に見通しがついたと判断した小林は、唐木家具販売の最後の砦だった高島屋から予定どおり手を引くことができた。第一創業以来、15年お世話になってきた百貨店からの完全撤退である。1992年（平成4）のことだった。

阪神・淡路大震災が起きたのはそれから3年後のことである。

小林の岡本の自宅マンションも事務所も全壊となったが、駆けつけた三宮生田筋の「甲南チケット3号店」も全壊し瓦礫の山にうずもれていた。これからはチケット販売にいっそう注力しようと思っていたときだけに、しばし愕然となったが、「いまこそチャンス」だと胸の中でつぶやいていた。

幸い家族は全員被害を蒙らなかったし、これほどの大災害の中で生き延びられたことは、商売人としての使命を与えられたからだと自分に言い聞かせた。

1935年（昭和10）生まれの小林は、10歳のときに終戦を迎えた。物心のついた少年の目で、明日の食料の確保にも大人たちが必死で働く姿を見てきた世代である。瓦礫に埋もれた街を呆然と眺めながら、戦後の日本を復興させてきた先人たちのことを想ったことだろう。そして自分もまた、今こそ奮い立つしかないと。

それからの約半年ほどは半壊した自宅や事務所の片付けに忙殺されながらも、小林は三宮に代わる次の出店先を見つけるため、JR沿線で比較的被害が小さかった場所を探し歩いた。

JR六甲道駅の近くに小さな空店舗を見つけ、5店目となる「甲南チケット」の看板をあげたのはその年の秋頃だった。翌年にはJR三宮ガード下に「三宮店」を出店してから大阪府に市場を求め、「千日前店」と「高槻店」、なんばの大阪高島屋前に7坪で家賃200万円の「難波店」をオープンさせている。

それからの約8年間、小林は創業期のときのような勢いで、出店立地を点と点をむすぶドミナント戦略で出店攻勢を続け、2003年（平成15）にはグループ全体の売上は150億円を突破した。そのうちの約9割が甲南チケットの売上だった。

むろん競合の店は数多くできていたが、やがて「甲南チケット」が全国でも三指に数えられるほどに成長したのは、小林の創り上げた「起業の鉄則」を徹底的に追求し、実施してきたからであることは言うまでもないだろう。その点についての詳しいことは次章で述べていく。

※スクラップ&ビルド十八の法則（コラム5）

〈法則一〉撤退するときは積極的に撤退する

〈法則二〉決断を先延しにするな
〈法則三〉人材のアウトソーシングをシステム化する
〈法則四〉パートやアルバイトを最大限に活用する
〈法則五〉仕事に応じて意欲を持たせる給与体系をつくる
〈法則六〉契約に基づくパートナーシップを確立する
〈法則七〉仕事の簡素化によるオン・ザ・ジョブ・トレーニング
〈法則八〉経営全体を把握できる管理システムをつくる
〈法則九〉コンピュータ管理システムで人員を減らす
〈法則十〉競争の激しい超一等地を狙え
〈法則十一〉好立地で最強のライバルを真似して追い越せ
〈法則十二〉いくら立地が良くても潮時となれば撤退せよ（撤退する勇気）
〈法則十三〉早期発見、早期撤退がスクラップ&ビルドの鉄則
〈法則十四〉キャッシュフローと立地条件がスクラップ&ビルドの判断基準
〈法則十五〉運転資金は少なくとも二割の余裕を持て
〈法則十六〉資金回転率を高めるために金を眠らせるな
〈法則十七〉質素倹約に励み余裕資金をつくれ
〈法則十八〉できる限り比例費経営の体質にする

インド更紗パンフレット

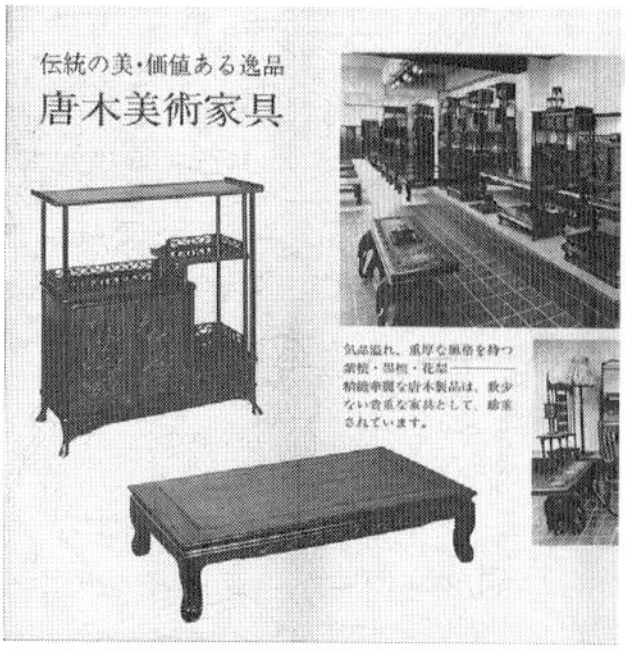

こうなん美術社パンフレット

私のお針箱（S62）

私のお針箱パンフレット

天徳行列（H6　56歳）

和暦	西暦	小林宏至（甲南グループ）	社会の出来事
昭和49	1974	大丸に出店	戦後初のマイナス成長、狂乱物価 東京にコンビニ第1号「セブンイレブン」 ニクソン米大統領、ウォーターゲート事件で辞任
50	1975	工芸画販売のかたわらインド民芸品の取り扱いをはじめ各百貨店で展開する	不況の深刻化 ベトナム戦争終結
51	1976	大丸・高島屋・阪急百貨店に出店	ロッキード事件で田中角栄前首相を逮捕 南北ベトナム統一
52	1977	「株式会社甲南美術工芸社」を設立。インド更紗の流行に伴い、エスニック衣料を阪急百貨店を中心に取り扱い販売を始める	日本の男女・平均寿命が世界トップに（男72・69歳、女77・95歳）。 日航機、日本赤軍にハイジャックされる 200カイリ時代（米・ソ、漁業専管水域実施）
54	1979	なんば高島屋にて、輸入唐木家具の取り扱い販売を始める	
56	1981	株式会社東洋ヘルシーを設立 日本健康増進研究会の代理店センターとして健康寝具器具の販売を始める	「小さな政府」を目指す臨時行政調査会 神戸で博覧会「ポートピア81」 中国残留孤児47人、初の正式来日
58	1983	「株式会社甲南美術工芸社」を「こうなん美術株式会社」に名称変更	中国自動車道全線開通 東京ディズニーランド開園
59	1984	百貨店卸販売業の下請け的な業態から独自店舗、独自商品、独自ブランドの自主的な業態に変身すべく新規事業の調査研究を始める	第23回オリンピック開催（ロスアンゼルス）。ソ連ボイコット、中国初参加

和暦	西暦	小林宏至（甲南グループ）	社会の出来事
昭和61	1986	「株式会社ファース」を設立。ファッション・リフォーム業に参入 「ファース」の店名で第1号店池田アゴラ店・千船アバリーナ店・岡本店・西宮店と展開する	男女雇用機会均等法施行 バブル経済真っただ中 チェルノブイリ原発事故
63	1988	店名「ファース」を「私のお針箱」に変更し、大丸神戸店、千里阪急店、住吉「SEER」店と百貨店、ショッピングセンター量販店にて販路を拡大する 甘党の店「こうなん天徳」を新規開店。岡本店、コープ西宮北口店、コープ深江店へと展開する	東京の地価前年比68・6%上昇、史上最高 世界最長の青函トンネル開業
平成元	1989	ディスカウントチケット「甲南チケット」を設立。岡本店、西宮店を開店する	昭和天皇大喪の礼（2月24日） 消費税3%スタート（4月1日） 天安門事件。ベルリンの壁崩壊
2	1990		東西ドイツ統一 株価急落、バブル崩壊 記録的な猛暑で水不足が深刻
3	1991		湾岸戦争。ソ連邦解体 エコロジーブーム
4	1992	チケット事業の体制確立に伴い「有限会社甲南チケット」を法人設立。百貨店業界から撤退	ブラジル・リオデジャネイロで地球環境サミット
5	1993		細川内閣発足、首相の「間違った戦争」発言（8月） 環境基本法成立（11月）

和暦	西暦	小林宏至（甲南グループ）	社会の出来事
平成6	1994		関西国際空港開港（9月） 製造物責任法公布（PL法）
7	1995	神戸中心の店舗展開を見直し、全国展開を模索する 携帯電話ショップ「パルショップ」設立。生田ロード店・岡本店・元町店・メトロ神戸店を出店。地域一番店となる	1・17阪神・淡路大震災。自宅マンション、甲南チケット「生田ロード」店全壊。その他各店も損壊 地下鉄サリン事件 「容器包装リサイクル法」公布
8	1996	JR摂津本山駅の近くに本社事務所を新築落成	YAHOO!JAPANがサービス開始
9	1997	「ミシン工房」を神戸大丸店に出店	山一証券経営破綻、三洋証券倒産 地球温暖化防止京都会議開催
10	1998		長野オリンピック（2月） 明石海峡大橋開通 「家電リサイクル法」公布
11	1999	携帯電話事業「パル・ショップ」をM&AでH通信会社に売却、撤退する	自衛隊初の海上警備行動 食料・農業・農村基本法成立
13	2001	ディスカウント化粧品「コスメパル」を設立。元町店、岡本店を開店する 靴、鍵の修理　リペアーショップ「くっく・ばっく」を設立。チェーン展開を始める	ITバブル崩壊 アメリカ同時多発テロ（9・11）
14	2002		金融再編成、造船業界再編成。経団連と日経連が統合「日本経団連」に
15	2003		イラク戦争開戦 「食品安全基本法」公布

第5章

ブランドとビジネスモデルの確立（第二創業期）

2

流通業界の風雲児

かつて「流通業界の風雲児」と言われたダイエー創業者の中内㓛（１９２２～２００５）は、１９８０年（昭和55）には日本の小売業としては初めて年間売上１兆円を達成した。

第二次世界大戦でフィリピン戦線から復員した中内は、１９５７年に大阪市・千林で「主婦の店ダイエー薬局」を開業すると、翌年には、神戸三宮にチェーン化第１号店（店舗としては第2号店）となる三宮店を開店し、何でも安売りの小売業を始めた。

既成概念を次々と打ち破り、定価を維持しようとするメーカー勢力の圧力に屈せず価格破壊を起こし、国民の大多数から喝采を浴びた。１９７１年、大阪証券取引所第２部に上場、スーパー業界では初となる上場企業になった。そして創業からおよそ22年間で1兆円の大企業に成長したわけである。

日本の流通革命の旗手として、消費者第一の価格破壊を推進した中内は、松下電器（パナソニック）や花王石鹸などと裁判沙汰（独占禁止法）となるのも恐れず、次々と事業拡大を推し進めた。

80年代後半には本業である小売業の拡大のみならず、プロ野球の南海ホークス（現福岡ソフトバンクホークス）を買収、1988年4月には神戸・学園都市に流通科学大学を開学した。またその年の秋には、新神戸駅前にホテル・劇場・専門店街が一体となった商業施設新神戸オリエンタルシティを誕生させた。

流通業界の風雲児を自負した中内の行動は一般世間からも注目を集めていた。小林は穏便な性格ではあるけれど、そんな中内を事業家としても小売業チェーンストアの先駆けとしても敬服していたようだ。

ダイエーが小売業として1兆円企業となった1980年といえば、小林が創業して7年目の年に当たり、売上がようやく1億円を突破したところだった。ところが、小林が甲南チケットのチェーン展開を始めた1989年（平成1）、ダイエーの経営に陰りが見え始めていた。

まず消費者の意識が「価格」から「品質」に変わったことが挙げられる。その流れから家電量販店や衣料品店などの専門店が多店舗化を始めていったことも業績の低迷につながった。「ダイエーに行けば何でも売っている。でも、欲しいものは何も売っていない」と客離れが止まらない。中内自身も晩年は、「消費者が見えんようになった」と嘆いたという。

低迷に拍車をかけたのが、バブルの崩壊だった。1990年代後半には地価の下落が始まり、地価上昇を前提とした店舗展開をしていたダイエーの経営を圧迫したのだ。郊外に展開していたアメリカ型ディスカウントストアの「ハイパーマート」の経営の失敗もあった。

一時のダイエーは連結売上高3兆円を超え、関連企業を含めると6万人以上の従業員を抱えていたが、中内が亡くなった10年後の2015年、イオングループの完全子会社として吸収合併された。

中内の座右の銘は、「ネアカ、のびのび、へこたれず」（元は三井物産社長の八尋俊邦の言葉）。流通科学大学の校歌の歌詞にもこの言葉があるそうだが、晩年の中内はとあるインタビューに「これまでの人生で楽しいことは何もありませんでした」と答えたという。

こうした中内の晩年のさびしさを、第二創業で燃えていた小林は複雑な気持ちで思いやるほかなかっただろう。

中内が亡くなった2005年、小林は甲南チケットのチェーン展開に邁進し続けていた。

「教えてやるから、やんなはれ」

第二創業のとき模索していた5つのテーマを実現する商売は何なのか。そのことを考え続けていたある日、

「一日で段ボールいっぱいのチケットを売りさばいている店が三宮にある。これは商売になると思うから研究してみたらどうだろう」

大和観光（神戸）の米田茂会長からそう言われた。裸一貫で何百億円という資産を残した事業家だけに、事業を見る目は確かなものがあると小林は日頃から思っていた。そういう人物と親しくしてもらえるのも小林の人徳かもしれない。そして、そういう人物の助言をさっそく行動に移すところが小林の道を拓いてきたのだろう。

大阪のあるチケット販売店を見にいくと、サラリーマンや若いＯＬが次から次へとやってきて、新幹線の乗車券や切手、商品券を買っている。店内は数坪しかなく、客はカウンター越しに買うと、数分で立ち去っていく。これはスゴイ、「資金回転率」の商売だと小林は直感した。

やってみる価値は十分あると思ったが、第二次流通である商品をいったいどこから仕

入れるのか。どうやらこの商売は仕入先のルートをつくることが一番のノウハウだろう。そうと思って神戸のチケット屋を訪ね、教えてほしいと頼んでみたが、門前払いだった。ほかにも数軒あたってみたが同じだった。

ところが商売人でも、相手によっては惜しみなくノウハウを伝授してくれる人がいる。難波でこの商売をしているギフト・ステーションの森本佳司社長は懐の深い人だった。「教えてやるから、やんなはれ」とあっさりと小林の要望に応えてくれたのだった。

大和観光の米田茂会長といい、森本佳司社長といい、「事業家はかくあるべし」と小林は常々思っている。のちのち小林が「起業塾」を開くようになったのは、惜しみなく伝授してくれた事業家への謝恩の気持ちもあるようだ。

小林は仕入商品のことやマージン率のことなどを森本社長から教えられ、自分なりに他にもいろいろ調査した結果、これはまさにチェーン展開できる事業、すなわち「掛け算商売」だと思い、やることを決断した。「決断を先延ばしにしない」ことは、スクラップ&ビルド十八の法則のうち二番目におくほど大事なことなのである。

しかし第1号の岡本店は予想したとおりだった。二階の店舗だったからだ。

小林は回転率が商売のチケット販売を二階でするのはどうかと当初から案じたのだが

が、そのビルの一階では「みたらし団子」の店を営業し、二階に「私のお針箱」を出店していた。同じ二階にあったビデオショップが撤退したので、家主から借りてほしいと言われ、「やってダメならすぐ撤退」するつもりで借りることにしたのだった。

案の定、二階はチケット販売には適さなかった。店内をちらっとのぞくだけで入ってこない人も多い。

もともと薄利多売の商売だから、お客が入りにくい店ではどうにもならなかった。今でこそ市民権を得た商売だが、当時はまだ「金券屋」と呼ばれ、サラ金とか怖いお兄さんがするような、うさんくさいイメージがあり、質屋に入るような感じもあって、客はなおさら二階に上りにくかったのだろう。

しかし岡本の駅前という立地は最高だったので、しだいにお客が増えていくようになった。二階でもこれだけ入るのだから、人通りの多い商店街や路面などの立地であれば、と考えるだけで小林の望みは大きく膨らんでいった。

徹底した始末

小林の著書の処女作『失敗しない　起業の鉄則』では、筆者もその編集に関わった。そのとき筆者が主張したのは、「鉄則」というタイトルづけだった。「起業の法則」では弱いという理由からである。法則を徹底するのが「鉄則」になると筆者は言った。

実際のところ、事業家としての小林の日頃の言動を、ときおり横から見ているだけでも、決意したことは最後までやり抜くという情熱と行動力の持ち主と思うからだ。とにかく徹底しているのだ。

その徹底ぶりを物語るエピソードはいくらでもあるが、その一つが「甲南チケット」を立ち上げたときから、「利益には一切手をつけない」と決め、それを実践したことである。チェーン展開するにしても自前の資金力でしようと決めていたからだ。

当時、小林はチケットを仕入れる資金が乏しかったので、売っては仕入れ、売っては仕入れを繰り返した。新幹線の東京―大阪間の新幹線エコノミー切符一冊（六十枚）の綴りが百万円超ほどで、それを一、二冊仕入れるだけだった。

赤字状態の唐木家具の販売からまだ撤退できていなかったので、毎朝午前中にチケットの買い出しに行き、夜にチケット販売の利益を回収し、翌朝また仕入れに行くという、その繰り返しだった。その利益はあくまでチケットの仕入れや出店の資金に当てると決めていた。そしておよそ4年後、気づいてみたら、なんと通帳に一億円も貯まっていたことに小林自身驚いたという。

「小さなアリが小さなエサ（小銭）を運ぶような」イメージがこの商売だと小林は言う。その小さなエサが「チリも積もれば」式に増えていた。増えた「資金量」をもって「資金回転率」を高めていくことが、小林が求めていた「掛け算の商売」ということになる。「資金回転率」を高めるためには、何よりも立地のよいところに出店する必要がある。だからたとえ家賃が何倍と高くとも、人通りの多い立地を第一に選んでいった。

店のスペースは数坪もあればいい。お客は必要なチケットをカウンター越しに買うとすぐ立ち去っていく。お客は商品をあれこれ選ぶのではなく、割安のチケットを買うという一つの目的のためだけに来るのだから、難しいセールストークも要らない。お客のほうから足を運んでくれる、第二創業のテーマの一つ「動の商売から静の商売」である。

立地のよい場所に、目立つ看板を出しておきさえすればいい。店づくりに凝る必要もない。店舗に使うケース棚や事務机や椅子などの事務用品は、中古品を扱うリサイクルショップで購入していった。チケット店舗に限らず、本社の事務用品を揃えるときにおいても、こうした徹底ぶりを小林は見せている。

井原西鶴が説いた「商人道」は4つあるが、その一つに「始末」という次の言葉がある。

――凡人なら誰もがしたいことを徹底的に我慢し、節約すること。自己資金を稼ぐ正攻法として、まず始末が肝心。――

小林の生き方は、第二創業の「甲南チケット」の事業展開をするなかで、ますますこの商人道に近づいていったようである。

接客業として業務の単純化

甲南チケットは1989年（平成1）の1号店から毎年1店舗ペースで新規開店し、8年後には10店舗、15年後には30店舗以上になっていた。この急成長を実現できたのも小林流の徹底した管理システムによるものだった。

今や小さな個人商店でもＰＯＳシステムは当たり前に使われているが、アメリカでこのシステムが登場したのは１９６５年頃だった。レジスタで集めたデータをコンピュータに直接入力することで、全取引明細の検証・記録と、売上情報のレポートが可能になったというので、日本の大手小売経営者は訪米視察団を派遣したという。

百貨店での導入が始まり、１９８０年代にはコンビニでも普及していった。部門別ではなく、商品ごとの売れ筋などを把握することが可能となったことから、１９８０年代後半には、本部と店舗をつなぐオンラインシステムを搭載したＰＯＳシステムになった。

小林はこのシステムを、ただ単に業務の合理化というだけでなく、従業員がより安心して働ける職場環境づくりのためいち早く導入した。

まだ数店舗だったころ、売上が百万円も足りないということが度々あった。従業員を疑うわけにもいかず原因がわからないままになっていたが、このままでは会社は大損失だし、従業員にしても安心して働けない。

お客は少しでも安いチケット店から買いたいが、接客が悪いと固定客になってくれない。チケット販売も価格競争の限界にきているのだから、接客態度でお客を失っていく損失のほうがずっと大きいのだ。

「にっこりと笑顔であいさつして、満足して帰ってもらう。そういう当たり前の接客サービス」をしてもらうためには、まず気分よく働いてもらわなくてはいけない。小林は思案したあげく、各店に資金を預けて、本部と取引するという独立採算式の運営にした。しかしこれではとても不十分である。大きな現金を扱うこと自体、従業員には心理的負担になってしまう。

そこで小林は、独立採算式運営とともにPOSシステムを導入して、本部で経営全体を把握ができるようにしたわけである。お金の流れや売上の変化は本部のコンピュータで一括管理しているので、末端の仕事は単純化できる。システムや財務、給与の支払いまでアウトソーシングにしたので、本部には経理担当者は一人もいない。こうした経理システムを税理士に頼んだのではなく、基本プログラムは小林が独自に作ったものだった。

「甲南チケット」がチェーン展開できたのは、POSシステムの普及に負うところも大きいのは確かだが、他店との大きな違いは、そのシステムによって「パートで働く人でも安心して現金を扱えるようになったこと」だと、小林は接客業のあるべき原点を強調している。

ちなみに参考までに、企業の業務用コンピュータが、パソコン（パーソナルコンピュータ）として普及していくのはちょうどこの頃（１９９０年頃）からだった。ただし１９９０年代までの世帯普及率（２人以上世帯）はまだ10％台で一部専門家やマニアに限られていた。90年代後半からどんどん普及しはじめ、50％に達したのは２００１年（平成13）のことだった。

今どきの子はスマホを手に持って生まれてくるようなものだが、21世紀の産業革命、あるいは第四次産業革命ともいわれる、本格的な「ＩＴ革命」（コラム6）はこの頃から始まった。

宅配便のおかげもあって

「甲南アセット」が順調に伸びていったのはＰＯＳシステムによる一元管理だけでなく、宅配便の普及のおかげも大きいと、小林はこう書いている。

「宅配便のおかげで私らの仕事がどれほど効率よく、安心・安全になったか、日本の経済をどれほど改革し、資金効率を高くしたか、普段あまり意識しませんが、その貢献は計り知れません」

たしかに私たちは普段、宅配の便利さをあまり意識しないほど当たり前の日常になっているが、今やすべての商品物流の大動脈と言ってもよいだろう。宅配便がなければたちまち日常生活にも支障をきたすという点では、単に物流という側面だけではない大きな社会貢献を果たしている。たとえば、自然災害が起きるたびに緊急物資の輸送が問題になるが、そこでも頼りになるのが宅配である。

その宅配の道を切り拓いたのは、ヤマト運輸の二代目社長・小倉昌男（2005年没）だった。個人向け宅配は、採算が取れないことが通念になっていたため、郵便局の独占市場だった。実業家らしい小倉の勇断と行動力がなければ、『クロネコヤマトの宅急便』は生まれていなかった。ヤマトがその道を切り拓いたおかげで、佐川急便などの競合も次々と参入してきた。

現在は業界1位のヤマト運輸に次ぎ、佐川急便の「飛脚宅配便」、日本郵便の「ゆうパック」、西濃運輸の「カンガルーミニ便」、福山通運の「フクツー宅配便」などの他に競合は数多いが、「宅配」という言葉は固有名詞のように一般化していった。

振り返ってみれば、宅配の歴史はまだ半世紀にもなっていない。一番手のヤマト運輸が宅配便を本格化させたのは1980年代後半頃というから、小林は百貨店で唐木家具の販売をしながら、新規事業の研究・模索をしていたときだった。まさかチケット販売を始めることになるとは、その頃の小林は想像もしていなかったが、それから数年後には宅配を活用することになったのだ。時代を切り拓く事業というものはこうして活用され社会の仕組みを変え、人々のライフスタイルにも大きな影響を及ぼしていく。

お金の流れや売上変化はシステムにより一元管理できるようになると、仕入商品の物流もすべてコンピュータ管理にすることになった。それまでは本部の社員が仕入れた商品を各店舗に配達して回っていたのだが、それは現金輸送と同じことなのでたいへん危険だった。そこで小林は、保険をかけて宅配便での集配に切り替えたのである。

生みの親の小倉昌男は、宅配便がこうした利用までされるとは、思ってもいなかったことだろうが、大金を預かる社員やパートタイマーの心理的負担の軽減にもなり、仕事の効率も、「資金効率も高く」してくれたのだから、小林にとって宅配便の貢献は計り知れないわけである。

小林は、甲南アセットの「資金効率」を高めるために、キャッシュフロー経営の重要さということにも言及している。それは「スクラップ&ビルドの法則」に関連することだが、この点は次章にゆずることにする。

※ＩＴ革命（コラム６）

20世紀最後の年の２０００年６月に日本の内閣府の経済審議会が取りまとめた「経済社会のあるべき姿と経済新生の政策方針」の実現に向けてという計画書の中で「ＩＴ革命」という用語が初めて用いられた。

２０１０年頃になると、オンラインで膨大なデータが集積され、ビッグデータが次世代のキーワードとなった。

２０１２年に、次世代の技術として人工知能（ＡＩ）が有力視される。シングルボードコンピュータが安価で販売され、モノのインターネット（ＩｏＴ）という概念が注目された。ＳＮＳにより共有経済が浸透し、ＥＣサイトの補完として活用されるようになった。スマートフォンの普及でセンサーやモーターの価格が安くなり、ドローンやロボットなどの無人機が多数開発され、プログラミング教育も義務教育で開始されている。

２０１０年代からＡＩやＩｏＴが急速に進化、人間に代わって物理空間を情報処理で改変する、第四次産業革命（４ＩＲ）の到来が、21世紀前半に予想されるようになった。

２０２０年にはコロナ禍により感染拡大防止のため世界的なテレワークへの実験的移行が起きた。２０３０年に向けてＡＩや5Ｇなどの技術・通信インフラとも結びついて、社会の変革がさらに進展していくと予想されている。

参照：ウィキペディアなど

甲南チケット　メトロ神戸店（H11）

第6章

M&Aから第三創業へ

3

キャッシュフロー経営の基本は管理会計

２００５年（平成17）、小林の二作目の著書『小さな会社がキャッシュフローで儲ける法』が日本実業出版社から発行された。筆者はこの企画編集に関わっていたので、知人を頼って日本実業出版社に企画を持ち込んだ。

企画が通りすんなりと出版できたのはよかったのだが、出来上がってきた本の表紙カバーをみたとき筆者はがっかりした。表紙のイラストが何とも品がなかったからだ。表紙デザインをはじめ定価・初版部数などは出版社の専権事項だから文句は言えないけれど、それにしても、もう少し品のあるデザインにしてほしかった。

表紙カバーの帯には、

――起業の成功は「1円の積み重ねから！」というキャッチコピーに合わせて、小銭を積み重ねてニッタリほくそえむイラスト画がある。

前章で書いたように、「小さなアリが小さなエサ（小銭）を運ぶような」イメージがチケット販売であり、「チリも積もれば」式に増えた「資金の回転率」を高めていくことが「掛け算の商売」だと小林は言っている。表紙カバーのイラストはそのことを表現しているのだろうが、あまりにも品がない。

筆者がこのことを小林に言うと、「まぁ、しょうがない」と笑うだけで、気にしている様子はまるでなかった。筆者は拍子抜けした。そして小林のおおらかな性格を改めて認識することになった。

２００５年といえば、小林が第三創業の「甲南アセット」を設立して2年目の年にあたる。M＆Aによって「甲南チケット」を売却する計画はその数年前から準備していたので、小林にとって二作目の著書は「甲南チケット」というビジネスモデルの総決算という意味合いもあったようだ。

二作目の「はじめに」に、小林はこう書いている。

「近年、キャッシュフロー経営という言葉が新聞や雑誌で目につくようになり、大企業においては常識になっています。ところが、中小零細企業の創業者や若い起業家と真面目な経営談義をしていても、このことが話題に上ることがほとんどないのです。それが私には物足りなくも不思議に思えるわけです」

ということで、小林は同書を執筆したわけだが、同書の内容はイラスト画のイメージとはかけ離れていると言わざるをえない。なぜなら小林が同書で強調しているのは、キャッシュフローを重視した管理会計のつくり方であるからだ。簡単に言えば、どんな商売をするにしろ、現金（キャッシュ）フローが増えていかないのはだめだと言っている。つまり、半期ごとに、あるいは四半期ごとに会計士がつくる決算報告書で経営判断していては手遅れになるということである。

その管理会計をつくる基本は家計簿をつけるのと同じで、チェーン店舗を展開しているなら、店舗ごとの家計簿で比較することになる。経営者が自ら工夫してつくったこの管理会計によってキャッシュフローの流れ、変化を見ていれば、チェーン店舗の優劣は歴然とわかり、どの店をスクラップして（閉じて）、新たな店をどこに出すかも見えてくるというわけである。

同書の「あとがき」には、

「経営者に何よりも求められるのは、評論的な分析ではなく、熱い情熱とスピードある決断力なのです」と記している。

管理会計とは、経営者がスピード判断できる羅針盤なのである。

「甲南チケット」をＭ＆Ａで譲渡

第三創業となる「甲南アセット」を設立したとき小林は67歳だった。

サラリーマンだったらとうに退職する年だが、小林はますます気力充実しており、この年だけでも5棟のビルを取得している。その後、２００７年までの3年間で14棟のビルを取得。そして同年3月、小林はかねてから水面下で進めていた甲南グループの一社「甲南チケット」を、Ｍ＆Ａによってオリコグループに譲渡した。

直営店舗数（37店）で業界最王手というだけでなく、スクラップ&ビルドの法則で各店舗を作り上げてきただけに売上も利益率も他社を大きく引き離していた。知名度も財務内容も申し分なく、大手銀行を通じて上場企業二社から同時にＭ＆Ａの話が持ち込まれていたのだった。

小林はＭ＆Ａに踏み切った理由については次のように書いている。

――私は五年ほど前からＭ＆Ａの準備に入り、何十社と話し合っていた。業績がのぼり坂で企業価値のあるうちに、Ｍ＆Ａで売却するというのは、創業者利潤を得るという点で最高の方法である。その意味では、上場するのと変わらない。

もちろんM&Aの理由は、それだけではない。

資本と経営を分離するのが近代経営というものであり、会社は社会の公器である。その観点からして、『甲南チケット』ほどの規模になったら、いつまでも同族経営ではいけないと私はずっと考えていた。とかく日本の経営者（創業者）は同族経営に固執して、息子に継がせようとするが、そのために倒産の憂き目にあう企業がどれほど多いことか。（略）

もう一つ大きな理由は、相続税の問題がある。親が突然亡くなり、子どもが会社の株を相続すると大変なことになりかねない。たとえば、創業時には数千万円だった株価が十億に計算されたら、売るにも売れない株を相続した子どもは、その半分を税金として納めなくてはいけない。土地の資産にしても同様で、相続税のために兄弟争いが起こるという話は世間にざらにある。

創業者はこういうことを恐れて事業規模を縮小しようとするが、簡単にはいかない。従業員を解雇することも難しいし、経済的にも大損をする。だから縮小するくらいなら、早めに売却したほうがファミリーのためにも従業員のためにも幸せな結果になる。

とにかく、会社がある程度の規模になり、さらなる発展をさせるためには、上場するなりM＆Aして、近代経営にもっていくべきだと私は思う。M＆Aはまた、企業家がハッピーリタイアをする最高の方法でもあるけれど、私は体力気力のあるかぎり現役で事業を続けたい。それが私の生き甲斐であり、健康法でもあるからだ。

したがって今回のM＆Aにしても、事業そのものからの撤退ではなく、次の事業展開をするためのスクラップ＆ビルドと考えている。M＆Aで得た原資を次のビジネスモデルをつくるために生かしていくためである。――


M＆Aで譲るにしても、熱意をもって発展させる企業に続けてもらいたい、というのが小林の正直な思いだった。その願いがようやく叶ったことから、気持ちを新たにする思いもあったのか、三作目の著書『商人道に学ぶビジネスの鉄則』を、マネジメント社から出版することになった。

書かれている内容はこれまでの二作とそれほど大きく変わらない「起業の鉄則」についてだが、筆者は、「商人道」をタイトルの前面に出すことを小林に提言させてもらった。というのも、商売人・経営者としての小林と身近に接するうちに、一本筋の通った商人道が血肉となっているとつくづく感じるようになっていたからだ。小林が口癖に言う「スクラップ&ビルドの法則」や「管理会計」や「キャッシュフロー経営」を真似したところで、そこに商人道としてのモラルや哲学が欠けていたならば、事業は決してうまくいかないだろう。筆者はそう信じるからこそ、「商人道」をタイトルの前面に出すことを小林に提言したのだった。

ビジネスで生きるためには
今日は、昨日の今日であってはいけない。
明日は、今日の明日ではいけない。

同書の「あとがき」には、若い起業家たちを奮起させる言葉を記している。
そして「私自身は第三創業期に入ったと思っています」とも書いているが、おそらくこの頃の小林は、かつて経験したこともないある種の解放感から油断があったのではなかろうか。
この年（2007年）の春、「急な縁があり」、出石コウノトリグランドホテル（現出石グランドホテル　兵庫県豊岡市出石町）のオーナーに就任したことがそれ（油断）にあたる。

「私はいろんな商売を手掛けてきたが、失敗したものは一つもない」と小林は断言する。決して自慢気に言うわけではなく、事実として淡々と話す。だから小林の商売の履歴を知る人は素直に肯定することができる。しかし、〝急な縁〟で出石コウノトリグランドホテルのオーナーになったことは、第三者から見ると失敗と言わざるをえないだろう。

先祖のルーツは出石

なぜ小林が出石コウノトリグランドホテルのオーナーになったのか、これも縁と言えば、確かに縁に違いなかった。

小林は神戸市で生れ育っているが、二百年ほど前の先祖のルーツは、兵庫県出石町（現・豊岡市出石町）である。小林の父親は早くから神戸に移り住んでいたので遠い親類筋とは疎遠となっていた。小林少年は、父親からは出石が出身地ということは聞いていたが詳しくは知らない。小林の手元に残っているのはメモ程度の一枚の家系図だけだった。

それを頼りに調べてみると、四代前の高祖父（曾祖父の一代前）は伊藤圭碩という武士であることがわかった。住まいは出石城下の最西端の「七軒町」というところで、知行200石取り、重房流という棒術の指南役だったという。棒術というのは、長さ6尺（約180㎝）ほどの丸い棒を、磨いて手に滑りやすくして、四方八方自在に振り回したりできる。その手軽さから身分、階層を問わず広く修練されており、日本各地に多くの流派があり、重房流というのは高祖父が学んだ武士の名前なので出石藩だけの流派かもしれない。

ところで知行200石といえば、年収は1200万円（1石を1両、1両を6万円として単純計算）ということになる。小藩の家老でも1千石程度、旗本クラスでも500石程度だから、高祖父の伊藤圭碩は重房流棒術の指南役という役職もある中クラスの武士ということになる。が、いずれにしても今で言うサラリーマンだった。

伊藤圭碩には三人の息子がおり、三男の作右衛門は養子に出され鴨谷姓になっている。小林の祖父にあたる鴨谷作右衛門（1908年没）は、先妻と後妻合せて十二人の子宝に恵まれていた。その男兄弟八人の中から慶雄が小林重吉・さく夫妻の養子に出され、小林慶雄を名乗る。すなわち、小林の父である。

小林は、高祖父の伊藤圭碩からみて七十人以上がつらなる家系図を眺めているだけでも神妙な気持ちにさせられた。

出石コウノトリグランドホテルの件で相談が持ち込まれたとき、まず思ったのは、「先祖の地である出石町に何か恩返しできないものか」ということだった。

「先祖の地でなかったら、おそらく最初から断っていたでしょう。もちろん素人の私がホテルを経営するなどということはとうていできないと思ったのですが、経営するのではなく『オーナーになってほしい』ということだったので、気持ちが動かされたのです」

と小林は語っている。

先祖の地という縁だけではなく、相談相手にしたらタイミングもよかった。

「甲南チケット」のM＆Aが成立して資金的な余裕があったからだ。先祖のルーツと資金的余裕、この2つの理由から小林はホテルのオーナーになることを承諾したのだった。

思わず弱音をもらした時期

小京都とも言われる出石は今も伝統文化の香りを残し、中世には「六分の一殿」と恐れられた山名一族の本居地として拓かれた。近世にいたっても但馬地方唯一の城持ち大名の城下町として栄えた。

近年は出石そばや沢庵和尚お生誕地としてよく知られる観光地になっているが、城崎温泉までは車で半時間ほどの距離にあることがマイナスにもなっている。全国有数の温泉地である城崎温泉が近いだけに出石の街は素通りの日帰り観光客が多いからだ。

そんな地理的条件のなかでの、これといった温泉もないホテル経営が簡単なはずがないだろう。こんな単純な理由から、小林がホテルのオーナーになったことを知った友人知人は、先行きを危惧した。いくら商売上手な小林でも難しいと誰しもが思うのは当然だったのだ。

小林自身は、「オーナーとして経営にはタッチしないつもりでいた」のだが、早くも1年後に、そうはいかなくなってしまった。ホテルの経営者が負債を抱えて倒産してしまったので、やむを得ず小林自ら経営をせざるをえなくなったのだ。

出石コウノトリグランドホテルは、出石町内では一番といってよい規模のホテルだった。

小林はこのホテル経営で悪戦苦闘することになった。まる1年間、いろいろと手を打ってみたが好転の兆しはみえず、黒字への見通しがつかないまま1年以上たってしまった。その間、毎月多額の赤字が続き、小林はついにホテルを手放す決断をした。

ところが、労働争議が起きそうになったりした挙句、どうにかホテルの営業を止めた後も、売却するまでに5年以上かかってしまったのである。

この時期の小林は、やや肥満体型で布袋さんのようにふくよかな顔にも疲労感がにじみ出ているようにみえた。

「毎月泡のようにキャッシュアウトしていく。どうしてもあれこれ考えてしまい夜眠れないこともある」といった弱音を聞くこともあった。そんな小林にとって、陰ながら大きな支えとなったのは「何とかなりますよ」と言い続けた奥さんらしい。

そんな苦境の中でもさすがと思ったのは、毎月の起業塾は欠かさず続けていたし、塾長としての講評では普段とまったく変わらない鷹揚なコメントを語っていたことだ。だから小林がホテル経営のつまずきで苦慮していることに気づいている人はごく限られていただろう。

結果的にホテルの売却では10億円近い損失を出したようだが、第三創業の事業は着々と前進させていた。

「これまでいろいろな商売を手掛けてきましたが、このときほど苦しんだことはありません。ホテル経営の失敗は大きな足かせとなりましたが、今となってみれば、これも出石のご先祖が私に与えてくれた貴重な教訓でした」と後々に語っている。

逆に言えば、もし小林が第三創業につまずいていたら、こんな言葉も出なかったはずだ。しかし甲南アセットは、初期の頃取得した商業ビル・レジデンスビルがビジネスモデルにそぐわないと判断し、2011年以降から次々と売却し、全国県庁所在地のオフィスビルだけを増やし続けていったのである。

信用力と「天の声」

小林が新たな商売を始めるときには、必ずといってよいほど良き人の縁がきっかけになっていると先に書いたが、甲南アセット設立のときもそうだった。

JR神戸駅前、湊川神社の門前の向かいにある中古オフィスビルを購入したのは2003年のことだから、甲南アセット設立の1年前である。

不動産業の師ともいえる神戸住宅センターの佐藤起一氏から助言指導を受けた小林

は、その中古ビルを「ファースビル」と名付け、一時本社をそこに移した。

正式に甲南アセットを設立したのは1年後（2004年）になる。

バブル経済の崩壊後、銀行は不良債権や不良資産を大量に抱え込んでしまっていた。その上、デフレ経済が長引いたために、担保として取った土地やビルの価格がどんどん低下し、売るにも売れない状況だった。膨大な年金や投資家の資金がだぶつき、銀行も有望な融資先が見つからない。そんな状況が長く続いていたため、1997年に法改正があった。不動産への投資を促す法律で、不動産の証券化（リート）がしやすくなったのだ。不動産の家賃収入を資産として運用する不動産再生ビジネスに注目が集まってきた。

「この不動産再生ビジネスは社会的に大きな意義があり、誰かがやらなくてはならない。不動産の斡旋業者ではないので、不動産業者の免許を持つ必要はない。タイミングとしても今しかない。銀行の信用もある小林さんならできるし、やるべきだ」と、ある大先輩から強い勧めもあった。

物件の相談に来る銀行マンたちも同じようなことを言う。だから事業家・小林の性格としても燃えざるをえない。どんな不動産を所有するかどうか、そこが事業家として一番肝心なのだ。

「少し大袈裟に言えば、これは天の声と使命感をもって参入に踏み切った」と語っているが、小林を大いに刺激する知人が近くにいたことも闘志に火をつけたようだ。

その知人から「不動産の今太閤になる」と大きな夢を聞かされて、「私も始めた以上は彼に負けぬよう生涯現役で行こうと肝に銘じた」のである。銀行に信用力のある小林のもとには次々と物件の相談が持ち込まれるようになり、1年目だけでも5棟のビルを取得した。その中には、のちに売却するビルも多かったが、年追うごとに時代の追い風をヒシヒシと感じるようになっていた。

出石コウノトリグランドホテルの悩ましい問題を抱えながらも第三創業の事業に情熱とエネルギーを傾けることができたことは、小林自身にとっても救いだったにちがいない。第二創業までに築き上げてきた絶大な信用力がものを言ったのである。

その点について小林はこのように回顧している。

「人間社会においてはどんな分野でも、信用というものはお金に代えがたいほど貴重なものであり、また同時にお金に換算するとたいへんな金額にもなるわけです。この真理が解らない人は会社経営をやらないほうが無難です。自分だけでなく周りの多くに迷惑を及ぼすからです。

信用があるから人との縁が生まれ、そこから新たなビジネスチャンスも生まれるのです。第三創業に入ってから、信用力のありがたさというものを、私はこれまで以上に痛感したのでした」

「天の声」が降りてきたのは、こつこつと築き上げた信用力のおかげに他ならなかった。

著書出版パーティー（H15.10）

創業・起業セミナー

失敗しない起業の鉄則

主　催　東近江地域中小企業支援センター
後　援　近江八幡商工会議所

「起業の鉄則」とは

- ベンチャー事業はなぜ成功率が低いのか
- 「少年の夢と志」をおいかけて
- 「商人道」に生きる
- 近代経営をエンジェル
- ゼロからの商売実践で学ぶ
- 第二創業・商売変革への実践
- スクラップ&ビルド　18の法則
  ～人・モノ（立地）・金の活かし方～

小林社長があなたに
エールをおくる！

数々の事業を立ち上げた経験から、起業をめざす方、創業間もない方、異業種転換を考えている方に応援メッセージ

日　時　平成18年9月30日(土)
午後2時～4時
会　場　近江八幡商工会議所
講　師　(株)甲南チケット代表取締役
小林宏至氏
参加料　無　料（テキスト込み）
定　員　60名
申　込　下記参加申込書を9月14日までに送付（又はFAX）下さい。
申込先　東近江地域中小企業支援センター
〒525-0893
近江八幡市桜宮町231-2
近江八幡商工会議所内
TEL0748-31-3266
FAX0748-32-0765

～すべては「0」からの挑戦で学んだ～

小林宏至氏

1938年神戸市生まれ。大阪府立大卒業と同時に川崎航空機工業入社。65年に勤務しながら神戸大を卒業。73年川崎重工業を退社と同時にこうなん美術を創業。92年に甲南チケット私のお針箱等を立上げ、現在年商約100億円。甲南チケット、コーナンファースの代表取締役。若い起業家を育てるエンジェルの活動にも取り組み、「SOHOステーション」を開設。

※保育あり（事前にご相談ください）

※今回のセミナーでは、小林社長の著書「失敗しない起業の鉄則」を使用します。

FAXの場合は切らずにお送りください

創業・起業セミナー　参加申込書(2006.09.30)
東近江地域中小企業支援センター行

参加者名（年齢）	住　所	連絡先（TEL）
（　　）		
（　　）		

近江八幡商工会議所 講演パンフ（H18.9.30　68歳）

第7章

ベンチャーとニュービジネス

3

世話好きなビジネス・エンジェル

神戸新開地のビルを取得した小林は、甲南アセットビルと名づけて本社を移すと、2年ほどで満室にしていった。ビルのアセット（財産、所有物）を高めて収益を増やすという第三創業のビジネスモデルを展開したわけである。ベンチャー企業家たちのインキュベーションのためSOHOの部屋を格安で貸したり、起業塾を開いたりして人の出入りを活性化していくうちに、入居率が上がっていった。

創造的なベンチャー企業を育成するために創業や技術開発、事業化を支援する法律「中小企業創造活動促進法」が施行されたのは1995年4月。アメリカではこれより40年も前（1958年）に中小企業投資法（スモール・ビジネス・インベストメント・アクト）を制定しているが、これの日本版というわけか？ これを機に、いわゆるベンチャーブーム（第三次）がマスコミでも話題になったようだが、はやくも翌年（96年）をピークにしぼんでいった。

小林が「起業の鉄則塾」第一回目（2004年5月8日）を開き、塾長として講師となったのはまさにピークがしぼみきったときだった。そのせいもあって小林の講演テーマは、「なぜベンチャー企業は成功率が低いのか」という単刀直入な議題だった。

しかしこの議題には、67歳で第三創業をした小林としては、志ある若い起業家に何とか成功してほしいというビジネス・エンジェルの願いが込められていた。

この思いは変わらず、2007年に出た三作目の著書の「はじめに」にもこう書かれている。


――そして六〇代半ばになった今は、社会還元の時代に入っている。七〇代になったら余生を楽しむというか、ただ自分のための人生を歩もうと思っていますが、それまでは、自分の得た経験やノウハウ、あるいは経済力を生かして、できる範囲で社会に恩返ししたいと思っています。

その一つの活動が、志のある若い人たちに対して、手を差し伸べていくエンジェルです。しかし現実は厳しく、手助けしてくださいと言ってくる人の中には、もう倒産しかけているので何とか助けてほしいという人が多いのです。はっきり言って、そんな人を助けても仕方がない。そういう救済はエンジェルの役割ではなく、国家のすることです。エンジェルというのは救済事業ではない、あくまでも人や事業の育成です。

それから17年経過した今（2024年）も小林の思いは変わらず続いている。

小林は、株の売買を仕事にしていた父親の背を見て育ったせいか、父を反面教師にしたらしい。つまり事業をするからには株売買で儲けようという思いを捨てたということである。ただ父親は人の世話をするのが好きだったせいか、家にはいつも人が来て相談に乗っている姿も見て育ったと、小林は誇らしげに語っている。

小林の性格はそんな人好きで世話好きな父親の血を受け継いだのかもしれない。そうでなければ、「起業の鉄則塾」も25年近く続けてこれなかっただろう。公益財団法人コーナン財団を設立し、それを第四創業だと言い切るのも、社会還元には違いないが、理屈ではない父譲りの世話好きな人間性が表れているのではないだろうか。

ニュービジネス協議会

ニュービジネスやベンチャービジネスという言葉がさかんに言われだしたのは、バブル崩壊の数年前からのようだ。

1985年（昭和60）9月『ニュービジネス協議会』が設立された。通商産業省（現・経済産業省）もこれをバックアップした。

この年にはアメリカの圧力により歴史にも残る「プラザ合意」(コラム7)が先進5カ国の間で締結された。これにより日本は円高に移行し、国内での製造業がコスト負担に耐えられなくなり、海外へ進出するという流れに変わっていった。そしてやがて国内製造業の空洞化が問題になっていく。

1970年代に起きた二度にわたる石油危機から安定成長へと軌道修正した日本は、価値観も多様化する中で新しい産業の出現を期待した。そうした気運の中で誕生したのが社団法人組織のニュービジネス協議会だった。

経済団体としては次の4団体があった。

財界総本山といわれた現・日本経済団体連合会
全国の中小企業を束ねる日本商工会議所
経営者が個人資格で参加する経済同友会
産業界の労務の司令部である旧・日経連（日本経営者団体連盟。その後、経団連統合）

ニュービジネス協議会を推進した人たちは、第5の団体として、その名のとおりニュービジネスの新風を興そうとしたわけである。

全国の広域ブロックは8つ（沖縄九州・四国・中国・近畿・中部・関東・東北・北海道）に分けられ、その一つとして近畿は関西ニュービジネス協議会（NBK）として、1990年11月正式に発足した。大阪・京都・兵庫・滋賀・奈良・和歌山県・福井県の7ブロックが含まれ、ブロックごとに活動を展開している。

小林は発足当初からNBKに席を置き、兵庫ブロックの世話人や、NBKの副会長を長年務めたりした。ニュービジネスにチャレンジする人たちのプレゼンテーションを審査するときはその委員を務め、あるいは「起業育成委員会」に関わったりもした。

第二創業の後半から第三創業期の数年間は、「これからはエンジェルになる」と公言していたせいもあり、若い経営者たちにビジネス上のアドバイスを請われたり、商工会議所などが主催する経営セミナーの講師をする機会も増えていた。

そんな中で小林が痛感したことは、ベンチャー起業家たちの脇の甘さだった。

「チャンスをものにしたベンチャー起業家たちの成功よりも、はるかに多くの失敗例を見てきました。それはなぜだろうと、いろいろ考えてみましたが、やはり失敗するには失敗するだけの原因があり、共通点があることに思い当たります。その共通点を一言でいうと、基本的な商売の法則を守っていないからだということです」と、三作目の著書に記している。

「中小企業創造活動促進法」が施行されて10年もすると、一種の流行語のようになっていたベンチャー企業の実態は「失敗の代名詞となった」と小林は断言する。そして、ベンチャーという言葉を使うことすら敬遠される風潮になってしまったのだ。

甲南アセットビル内に設けた「神戸インキュベーションセンター」のブース（部屋の区切り）に入った若いベンチャー起業家たちを、小林としてはいろいろと支援してきたつもりだった。しかし、そのブースから巣立ちできるほど自立できる起業家は皆無といってよいほどだった。巣立ちすることの厳しさを実感したのか、櫛の歯が抜け落ちるように神戸インキュベーションセンターのブースから退去していった。

ブースに入居した起業家に決定的に欠けていたものは、「ビジネスの厳しさに対する認識の甘さ、すなわち金銭感覚の欠如である」と小林は言う。

また小林はこうも言う。

「ニーズとシーズを勘違いして、ある商品を開発したら勝手に売れるものと思い込んでいるような甘さにおいても共通している。市場ニーズを掴みきっていないからだ。すでに市場ニーズのある二番手商売をねらう。それがベンチャーで成功する一つの秘訣である」

小林はこの言葉どおりを実践してきただけに説得力は十分だが、真似しようにもなかなかできないからベンチャー企業は失敗の代名詞になったのだろう。

たしかに小林が言うように失敗の共通点は、「基本的な商売の法則を守っていない」こともあるだろうし、「ニーズとシーズを勘違い」していることもあるだろう。そのこと自体間違いないにしても、それらより以上に大事なものはもっと人間的なものではないだろうか。

では、より人間的なものとは何か？　情念とか情熱とかいう言葉がそれにあたる。

いくら大きな夢や志があっても、それを必ず成し遂げようとする情念・情熱（エネルギー）が欠けていたらどうなるか。それは言わずと知れたことである。商売に限らずどの分野においても、事を成し遂げる人間はそれをもっている。

小林という事業家・商売人としての人間性にもっとも似つかわしい言葉は「情熱・行動力」という五文字だ。それが20年以上、小林を見てきた筆者の率直な観想である。

１９９０年代の日本の空気感

たしかに、小林が自分の周りで見て来たベンチャービジネスは失敗が多かった。だからといって小林はベンチャービジネスそのものを否定するわけではもちろんなく、むしろ常に若い起業家たちを励まし続けている。なぜなら、世の中に新風を吹き込み、人の気持ちを前向きにさせるのは、チャレンジ精神の旺盛な起業家精神だと信じるからである。

筆者の手元には今、「関西ニュービジネス協議会　設立10周年記念誌」がある。これを見ると、府県別ブロック活動や各種委員会・部会があり、活動としては「啓発、交流、情報」というように分けている。その具体的メニューとしては、ベンチャー大学、インターネット、セミナー、シンポジウム、情報誌、見学会、発表会、人材派遣、コンサルティング、定例講演会などがある。

とくに起業したばかりの個人事業主にとってはＮＢＫ会員になることは大いに刺激になっただろうが、成果を得られるかどうかはまた別問題だ。ちなみに筆者もＮＢＫの個人会員となったが、情報収集や交流という点では大いに勉強になった。

ところで、ＮＢＫの10周年記念誌の中で、記事のキャッチコピーを拾っていくと、ＮＢＫだけでなく日本の90年代の空気感が読み取れるので、いくつか挙げてみよう。

・激動する時代90年代に目指したもの、それは〝新たなる進展〟

・「産・学・官」集う中、21世紀のニュービジネスを感じる多彩なプログラム

・規制緩和・市場開放……、大きな転換期に向かう時代に

・高度成長を続けるアジア経済の中で揺れる日本のニュービジネス

・アジア経済の展望とグローバルなアジア戦略

・第７回関西ニュービジネス大会――千人以上集め、参加者の熱気も自然と伝わる３日間

・産業と環境の共生について考える時代。新たなる起業チャンス
・平成不況を乗り越える（コラム8）べく、21世紀に託す新たなる願い
・シリコンバレーの視察と関連させたテーマで臨む（第９回関西ニュービジネス大会
　１９９７年２月25日～26日）

第９回関西ニュービジネス大会には、前年の１９９６年８月26日～９月１日に実施された「シリコンバレー最新マルチメディア研究視察ツアー」の報告もあり、千人以上が参加しているという。

翌年（１９９７年）には、「米国ベンチャービジネス・ネットワーク視察ツアー」が実施されているが、アジア圏では91年～93年の間にオーストラリア・ニュージーランド、台湾やインドネシア・シンガポールへの視察団が訪れている。

１９９０年代の日本の経済的テーマは、ここに挙げたキャッチコピーを全国で共有できるはずだから、全国各地のニュービジネス協議会が似たような取り組みをしたのだろう。

それにしてもＩＴ技術の最先端を走っていた米国シリコンバレーへの研究視察ツアー

が、今から27年前だったということに驚きを禁じ得ない。「パソコン通信の情報ネットワーク構築に向けた研究会」がスタートしたのは、1994年9月のことだった。GDPでは世界第二を誇った日本だが、先端技術においてはアメリカからはるかに引き離されてしまっていたのだ。

事業家の本業はビジネス

1990年といえば、「甲南チケット」の店舗を出店した1年後である。2年後（1992年）には正式に有限会社甲南チケットの法人設立となり、百貨店事業から完全に撤退した。

したがって、その頃の小林は、関西ニュービジネス協議会には一会員として参加するだけだったが、甲南チケットの経営が安定して最初の著書を出したことから、積極的に関わるようになっていった。経営の余裕ができたことから、もとより小林の胸の内にあった起業家支援への思いが強まってきたのだろう。

関西ニュービジネス協議会での人的交流で、小林はいっそうその思いを強めていったにちがいないが、先に書いたように、小林の目には「ベンチャー起業家たちは失敗の代名詞」と言わざるをえない状況に映ったのだった。

そんな小林にとって、ビジネスとは何かという素朴な質問を投げた記者がいた。


「甲南グループの本業はなんですか?」

数年前、ある取材の折に、記者からそんな質問をされ、

「本業はビジネスです」

私は即座にそう応えた。

平成元年の第二創業以来、甲南グループの中核は『甲南チケット』であったことは事実だが、チケット販売が本業だと思ったことは一度もない。


右の文章は三作目の著書にある。なるほどと筆者はすごく納得した。率直に言って筆者は商売や事業の厳しさを観念的にしかわかっていないけれど、小林の生きざまを端的に物語っていると思えたのだ。

そもそも商売人といい、事業家といい、本業はビジネスそのものではないだろうか。

言い換えれば、時代のニーズに合わせてスピード感をもってイノベーションを興していくということだろう。もちろん商売の中身はどうでもいいというわけではないが、小林にとってビジネスとは、事業として成長・拡大できそうもないものは対象外ということになるだろう。端的にいえば、次の投資ができるだけの利益を生み出すのが本当の事業である。

小林は「事業を伸ばす鉄則」として15の鉄則を挙げているが、経営者の仕事においてもっとも大切なこととして、「イノベーションは最大・最優先の仕事である」と書いている（『あなたの起業応援します　成功80の考え方』コスモ21）。

ただし、だからといって大きく成長できるものなら何でもいいはずもない。そこには小林なりのビジネス観や商道徳、それに基づく目的がある。

マネジメント分野を体系化したピーター・F・ドラッカーが唱えるビジネスの目的は「顧客の創造」というものだった。「社会は生き物」ゆえに絶え間なく変化が続くため、企業が率先して市場（顧客）を創造しなければならないというわけである。

企業は成果（利益）を上げるために活動するが、その成果は組織の内部には一切ない。成果は組織の外部にしか求めることができない。したがって企業にとって企業の外部に存在するのが顧客（の創造）なのだとドラッガーはいう。

小林自身からこうしたドラッガー流の考え方について話を聞いたことはなかったが、「事業とは、人を使って利益を生み出すことにある」と、一作目に非常にわかりやすく書いている。

「だから組織というものの力を理解しようとしない人は、人をうまく使えないから発展しません。（中略）。自分の思いを人に託し、組織に託し、全体として収益を上げていくということです。いろんな人を集めて、一つの目的に向かってやっていくことです」

順当な利益がでない商売は発展しようもないし、「常に変化する、寿命も短いビジネスモデル」を顧客に合わせるということが、「顧客の創造」に当てはまるだろう。企業の外部（市場）へ商品・サービスを提供することによって顧客に喜んでもらい、利益を上げて税金を払った上に、従業員を幸せにする、地域社会に貢献する。

こうした好循環のある「ビジネスを本業にしている」というのが、小林の基本スタンスなのである。考えてみれば当たり前のことのようにも思えるが、第一創業期にみたように、商売の中身をがらりと変えたり、店舗のスクラップ&ビルドなどにしても簡単なようで簡単ではないはずだ。

ベンチャー起業家はとかく一つの商品や企画に思い入れが強すぎて、「顧客の創造」どころか顧客ニーズそのものが見えていない、というのが小林の見方である。「企業家の本業」というものに対する確固たる信念がなければ、決断が遅れたりして、勇気をもって先にすすめない。

実業と虚業

近年は、日本でも株で一儲けしようとする個人投資家が増えているが、小林はそういう投資からは一線を引いている。顧客を創造するのが実業であり、金儲けだけのマネーゲームに走るのは虚業である、というのが小林のビジネスの基本理念であるからだ。第三作目の本に「実業と虚業」という小見出しで、小林は次のように書いている。

――会社を創業した多くのオーナー経営者にとって、大きな目的の一つは自分の会社を上場することです。それを望まない経営者も少なくありませんが、いずれにしても上場は、何十年も経営努力をしてきた創業者の誇れる勲章といってよいものです。

しかし最近、出来たてほやほやのベンチャー企業が、いきなり上場を狙うことがある種の流行のようになっている。上場して二、三年後にキャピタルゲインを得たら、その後のことはどうでもいいという発想で、ビジネスに対する考え方が本末転倒している。こうした考え方は間違っていると、私は思います。

一般投資家にしろエンジェルにしろ、人助けのために投資するわけではなく、投資先からどれだけの利潤を回収するかということです。上場の利益を期待して投資している。しかしだからといって投資を受ける側が、上場のためには手段を選ばないというのは事業とはいえない。それは虚業であり、極端にいえば一種の詐欺行為です。――

この本が出る前、株投資に走る堀江貴文のライブドア事件（2004年9月）や村上ファンド事件が世間を賑わせていた。「物言う株主」と呼ばれた村上世彰は、マスコミ取材で「金儲けをして、何が悪いんですか」と答えた。その率直な答えは、株投資に縁遠かった一般個人にとっては新鮮な響きをもっていたことは確かだろう。実際、彼と同世代か若い世代の中には、ホリエモンこと堀江貴文を人気タレントのようにもてはやす人たちも少なからずいたようだ。

しかし小林はあくまでも商人道を信奉する実業家として、こうした風潮を苦々しく思っていたのだ。

――一時期、上場の花形だったＩＴ関連がおかしくなったのは、その実態がキャピタルゲインねらいの虚業だったからと言われてもしかたがない。本業は赤字だったのに、投資家たちはＩＴブームに乗ってどんどん投資した。一番高い時期に売り逃げて何百億とぼろ儲けする人がいる一方で、紙切れ同然になってしまった株を抱える大勢の人がいた。結局損をするのは一般投資家たちです。

そんなキャピタルゲインねらいの起業は相変わらず多いし、アメリカ式のドライな経営や企業買収という方法は今後さらに増えていくでしょう。それも時代の流れではあるけれど、もともと誰かが損をする仕組みになっている虚業的な商売は、一時的に儲けても、絶対長続きはしない。その店の商売を儲けさせようと思って来るお客なんて誰ひとりとしていません。むしろお客が得するような商売は間違いなく支持されます。商売で大きくなっている人はみなそれを実行しているからです。――

近年、短期的な収益を求める「物言う株主」に対する防衛策、長期的な視点で事業改革に取り組めるなどの利点から、非上場を再建の選択肢にする企業も増えてきているという。こういう視点からみても、小林の商人道は見直されるべきだろう。

ディスクロージャーの責任

「企業は社会の公器」ということは、まともな経営者なら肝に銘じているはずである。それでも企業の不正事件が絶えないのは、人間の業欲の深さというほかにない。株のインサイダー取引を禁ずる法律などがあるのも人間の欲深さを前提としているからに他ならない。

「食品安全基本法」が公布されたのは２００３年のことだが、食肉業界の偽装・隠蔽事件が相次いだことがその背景にあった。業界ぐるみの談合、粉飾決算、組織ぐるみの品質データ改ざんなど、企業の不正は後を絶たないから、ディスクロージャー（Disclosure、情報開示・情報公開）ということもさかんに言われるようになってきた。

小林が第三創業に入る前年（２００３年）、食肉業界の偽装・隠蔽事件は大きく報じられたこともあるからだろう。この頃から小林はさかんに「ディスクロージャーの責任」という言葉を使うようになったと筆者は記憶している。

それから4年後に「甲南チケット」はM&Aで譲渡されたわけだが、正式に決まるまでの数年間に、銀行を通じて多くの企業からM&Aの相談が持ち込まれた。甲南チケットが業界で全国有数の優良企業になっていたというだけでなく、ディスクロージャーという点でも小林個人の信用力が大きかったからだろう。

小林は三作目の著書で、上場の大企業の経営者とオーナー経営者の違いについて、次のように厳しい意見を述べている。

――上場企業は証券取引法や会社法で、非常に厳しいディスクロージャーの責任を負っているから信用がある。会社自体に社会的な信用と責任があるから、その社長は個人保証しなくていい。だから上場の大企業の経営者は、「会社倒産の責任を取って辞めます」と言って簡単に辞めてしまう。そして、その陰にどれだけ中小企業が倒産して、どれだけ犠牲者が出たかということを知ろうともしない。自殺者、家族離散、自己破産など、たいへんな問題が起こっているのです。

しょせん雇われ社長だからと言われたらそれまでですが、あまりにも責任意識がなさすぎます。企業は社会の公器であるという自覚などまったくない。確かに、上場企業の経営者には個人責任は法的には派生しない。しかしそれをいいことに、「辞めます、はい、さいなら」というのでは、その犠牲者は浮かばれません。

実際、会社が大きければ大きいほど被害の影響も大きい。だから大企業の無責任な倒産は社会的犯罪といってもいいくらいです。そういう経営者は無期懲役ぐらいの法律を作ったらいいとさえ思います。それは無理としても、大企業の社長はそれぐらいの責任を取る覚悟の上でやらないといけないということです。

一方、オーナー経営者は、財産とか経済的な信用、あるいは個人的な信用で会社を経営しています。会社経営や財産を自分の身内に相続させることができる反面、会社が万一のときには全財産を売って弁済しなければいけない。個人企業はどこでも経営者の責任が問われ、新しい取引先と契約する前にも必ず相手企業からの信用調査を受けます。その企業の取引先、商品仕入れ、販売、提携先など、あらゆることを調査されます。

オーナー経営者個人に信用がなかったら一流企業と取引できないし、銀行も金を貸さないから、会社は大きくなれない。上場するにしても経営者に信用がなければ不可能です。だからなおさら非上場のオーナー経営者は、大企業の社長以上に、社会的な信用の重さ、責任の大きさも身にしみて痛感しています」（前著）――

ここに記していることは、まさに小林がM&Aの時にもつぶさに経験したことであることがわかる。

事業も人生の表現

M&Aが決まるまでの時期、小林は資本家と経営者の分離、すなわち「近代経営」のこともさかんに口にしていた。つまり、上場かM&Aかの選択に迫られていたのだが、甲南チケットのブランド名を残すことでオリコグループに譲渡された。産みの親として長年（15年間）育ててきた社名が世に残ることは、小林にとってはある種の勲章だろう。

実際、「元甲南チケットの経営者」と紹介されると、今でも多くの人が「そうなんですか」という驚きの反応を示す。それほど甲南チケットは広く世間に認知されていたということとである。

芸術家や研究者、あるいは伝統職人、あるいはスポーツ界にしろ、その分野で一流として名を成すことは誇りである。これは生まれてきた証として望む人間の性と言ってもよいのだろう。スポーツ選手は現役時代の寿命が短いのでなおさらに、その期間に燃え尽きるほど努力精進しようとするが、気力体力の続く限り生涯現役として作品づくりに命を削るのが芸術家というものだろう。

「天がわしをもう五年間だけ生かしておいてくれたら、私は真の画家になれただろうに」

これは江戸時代の絵師・葛飾北斎の有名なことばである。北斎は89歳で亡くなっているが、「90歳では奥義を究め、１００歳になれば、まさに神妙の域に達するものと考えている」と語ったという。

芸術に興味のない人にはこの心境はわかるはずもない。同じように事業というものが理解できない人、あるいは興味もない人は、「そんなにお金儲けしてどうするのか」という素朴な感想を抱くものだ。実は筆者もその一人だったのだが、情熱のある企業家と接しているうちに、生涯現役にこだわる小林の思いが何となく理解できるようになってきた。

前章に書いたが、小林は一時期「学者になること」を勧められるほど学問（経営学）に精を出していた。しかし商売人として生きると決めた後、知識を求める読書をすっぱり止めて、実務的な経験知識の取得とその具体化に専念するようになった。

こうした小林の一貫した姿勢は、商売人として生きていく上でも明らかに表現されている。机上での学問はやめたが、論理的思考は変わっておらず、需要変化に応じたビジネスモデルの構築を行い、事業の方法論を学問的にも追求し精査していったということである。

それはつまり、事業も作品であり、人生（生き方）の表現ということなのだ。そう考えてみると、現役続行に執念をもやす小林の気持ちがすんなり理解できるし、それはまた古今東西の事業家といわれる人種に共通することではないだろうか。

三作目に小林は、「近代経営」についてこう記している。

――オーナー経営者の中には、信用もあり業績も優れていながら上場など眼中になく、身内に経営を委譲する人も少なくない。とくに日本の経営者は自分の息子に経営を譲ろうとしますが、経営能力がある人がやらなければ会社はすぐ潰れます。その後の経営がうまくいきさえすれば、それはそれでよいのですが、仮に自分の息子に経営能力がないと分かっていて会社を譲るとしたら、譲られる本人にとっても不幸なことだと思います。実際、世の中にはそうして倒産していった会社が数え切れない。だから経営交代というのは本当に難しい。オーナーの創業者が実力・信用ともにある場合はなおさらです。

私のこれからの課題は経営のさらなる近代化、つまり資本と経営を分離することです。企業が発展して高度化していった段階では、いつまでも同族経営ではいけないと思うからです。

自分の子どもに経営能力があって本人もそれを望むなら、後継者になったらいい。しかしその能力がないのなら無理して継ぐ必要はなく、経営から手を引いたオーナーになったらいい。そして株式を公開して上場する、というのが近代経営の本筋だと思います。

企業は個人経営から脱皮してよりいっそう公的な存在になります。また上場すれば優秀な人材も入ってくるので、そのときこそ正社員を募集したらいい、というのが私の持論です。

それほど遠くない将来、私も引退する時期を迎えますが、その前に、今までの延長線上ではないドラスティックな変化をおこさなければならないと自分に言い聞かせています。――

ドラスティックな変化とはすなわち、第三創業に生きる決意にほかならない。そう決意してから20年ほど過ぎ、甲南グループ創業五十周年（2023年）を迎えることになった。そしていま、第四創業へ。

※プラザ合意（コラム7）

1980年代前半のアメリカでは厳しい金融引き締めにより金利が上昇、世界中から多くのお金がドルに集まった結果、ドル高が進み貿易赤字を抱えることになった。

1985年9月22日、アメリカ（ロナルド・レーガン大統領）はドル高を是正し輸出力を高めるため、先進5カ国（米・日・英・西独・仏）の蔵相・中央銀行総裁の会議をニューヨークのプラザホテルで開いた。そして、参加各国が外国為替市場に協調介入する（ドル高を是正する）という「プラザ合意」となった。

発表後1日の間に円相場は1ドル235円から約20円下落、翌年には150円台の円高ドル安となった。日本では円高が進行したために輸出が減少し国内景気が低迷したが、日銀は円高不況に対する懸念から低金利政策を継続。一方で企業は円高メリットを享受するようになり、景気回復に転じた。

この低金利を利用し、銀行からお金を借りて土地を買い、これを担保にしてさらにお金を借りて土地を買う企業が増加し、バブル景気に突入していった。プラザ合意がすべての原因ではないが、その起点と言われている。

参照：ウィキペディアなど

※シリコンバレー（コラム8）

戦後の米国の産業を常に変革し、リードしてきた数々の新規産業・企業が、サンフランシスコの南へ車で1時間のところに位置するシリコンバレーに誕生した。

戦後トランジスタの発明でノーベル賞を受賞した3人のうちの1人ウィリアム・ショックリーが東部からシリコンバレーに移り、1956年にショックリー半導体研究所を設立したのが先駆けと言われている。

1958年、「中小企業投資法」が制定され、ベンチャー企業やその投資に対する税制面の優遇策が図られた。それを源泉にベンチャー投資を行うことができ、3年で600社近いSBIC(中小企業投資育成会社)が全米で誕生した。ベンチャー企業の生息地とも呼ばれるシリコンバレーには、ハイテク産業の集積が本格的に始まった。アメリカ全土にシリコンバレーが知れ渡り、IT産業の隆盛は経済復活の狼煙となった。

参照：ウィキペディアなど

NBKフェスタ（2018.11.19）

第4回 NBKフェスタ

第8章

情報産業としての甲南アセット

3

シンプル・イズ・ベスト

第三創業として甲南アセットを設立してからの小林は、学生時代にもどったような気分になり、「勉強することが多くて、実に新鮮でした」と語っている。この勉強の中でも小林は、いかにシンプルなビジネスモデルを作り上げるかを考えたのだろう。

難しいことを誰にもわかるように表現することは難しい。しかし商売においては難しいことをいかにシンプルにするか、それが小林流のビジネスモデルの基本条件であるからだ。ちなみにアセット（asset）とは、資産、財産、資源、有価物、有用なもの、利点、長所、などの意味をもつ。経済用語としては、経済的価値や換金性が高い資産、各種の経営資源ということになる。

「シンプル・イズ・ベスト」

このことは第二創業のときに小林が深く実感していたことであり、甲南アセットの不動産再生ビジネスも当初はシンプルなモデルで取り組んでいた。ところが、やがていろいろと問題が多いことがわかってきたのだ。その管理運営において、思わぬトラブルや問題が多発して、その解決に手間と費用がかかってきたのである。想定外のことだったので、シンプルだったはずのビジネスモデルの再構築（マイナーチェンジ）が必要になってきた。

何が問題だったかというと、たとえばレジデンスの場合、個人入居者との思わぬトラブルが生じたり、雑居オフィスビルの場合でも家賃の未払いや空き室率が上って家賃収益が不安定になった。やがて小林はこうしたビルを所有することの危険性に気づいた。

まだ知名度がなかった甲南アセットは、過当競争になっていた東京や大都市の市場は避けて地元の神戸や大阪を中心に目を向けた。そして持ち込まれた不動産物件の中から、目標入居率が90％を見込める好立地の不動産ビルを買うことを前提に、5年の間に18棟のビルを所有していた（出石コウノトリグランドホテルを含めると19棟）。その多くが雑居オフィスビルやレジデンスだった。

アセット・マネジメント（不動産再生ビジネス）は、小林が目指したキャッシュフロー経営の醍醐味であるはずだったが、それどころではなくなったのだ。つまらないトラブルに巻き込まれるのは精神衛生上もよくないと思い、ビジネスモデルを確かなものとするために、甲南アセット設立の7年目以降、雑居オフィスビルやレジデンスは次々と売却していくことにした。2011年から2015年までの5年間で、16棟のビルを売却している。

2011年（5棟）吹田サンプラザビル、二葉ビル、伊藤ビル、サンメイビル、谷町ビル
2012年（4棟）南堀江メゾン、伸光ビル、出石コウノトリグランドホテル、梅田ADビル
2013年（3棟）神戸エステートビル、トーアハイツ、ベルエアー江上町ビル
2014年（1棟）北新地VIPビル
2015年（3棟）ブランドール加古川、阪神尼崎駅前ビル、豊橋コアビル

こういうビルは、「購入時よりも空室率を下げる努力をしていたので、売却時のキャピタルゲインが出ました。それをキャッシュフロー資金としてストックしながら、私が目指すところのビジネスモデルを構築していったのです」（三作目の著書）
4棟売却した2012年には、毎月600万円もの維持費ばかり垂れ流して買い手が

なかなか現われず困っていた出石コウノトリグランドホテルも含まれている。その後もほぼ毎年、１棟～４棟を売却していったが、新たに購入したビルもあるので所有ビルは増え続けた。関西圏に限らず全国各地の一等地のビルを所有したこともあり、甲南アセットの名はこの業界で知られた存在になっていった。

そこで小林が確信したのは、この不動産再生ビジネスはある意味で「情報産業そのもの」ということだった。その理由について小林は、こう書いている。

「信用と実績のあるところに、有益な情報が寄せられてくるからです。このことが私の中で腑に落ちてから、甲南アセット独自のビジネスモデルが出来上がったと思います。そこに至るまで、およそ十年かかりました」

筆者は起業塾への参加を含め年に５、６回は甲南アセットを訪ねていたが、毎年数棟の所有ビルが増えていくことに驚いた。なにしろ１棟数十億円というビルを購入するのに銀行のほうが喜んで購入資金を出すというし、しかも全国に増えていくのだから手品でも見る思いがしたものだった。小林の築き上げたシンプルなビジネスモデルに「信用と実績」があったからこそだが、設立10年で「この事業は情報産業」と言い切れるまでになっていたのである。

高度に洗練されたビジネス・スキル

小林が言う「情報産業」の事例の一部を、筆者は事務所で見せてもらったことがある。全国の不動産物件の情報を網羅した「ビル経営」（株式会社ビル経営研究所発行）というタブロイド判の新聞は、毎週発行で平均70ページにも及ぶ。また同研究所では『不動産ソリューション』という雑誌も発行している。その他にも、「全国主要都市　マーケット・レポート」など、不動産物件の情報が溢れており、いかに大きなマーケットであるかがわかる。こういう世界もあるのか、世の中は知らないことだらけだと改めて感じ入った。

こうした情報誌や物件の入札情報が送られてくるのはもちろん、甲南アセットの名が全国に知られるようになったからだ。小林は整理した分厚いファイルの中から物件を選ぶと、その目で確かめるために全国各地へ出張する。その数は月に数回あるそうだが、購入を決定（あるいは落札）するのは年に数棟で、

２０１４年（平成26）は４棟（岡山伊福ビル、徳島第一ビル、水戸城南ビル、名古屋三博ビル）

15年は4棟（平塚ビル、松江ビル、青森ビル、阪神流通センター内の倉庫）16年は5棟（秋田山王21ビル、鹿児島加治屋町ビル、NLP秋田ビル、小倉KMMビル、米子ビル）を購入している。

甲南アセットの名はますます業界に広がり、寄せられる情報量も増えていく。甲南アセット本社には十人余りの社員はいる。ビルメンナンスは広域を請け負う管理会社に業務委託しているので、その委託提携先との連絡業務や各種情報整理などは社員に任せるとしても、物件の目利きと判断・決定までは小林一人でこなしていると言ってよい。言うまでもなく、第二創業の甲南チケットのときに確立した管理会計を不動産再生ビジネス向けに改良することによって、各ビルのキャッシュフローが一目でわかるようになっている。決断できるのは、このキャッシュフロー経営の羅針盤があればこそなのだ。キャッシュフロー経営という観点で言えば、第二創業と第三創業は、業種はまったく異なっていても一つにつながっている、と小林は言う。

「甲南アセットのビジネスも、物件の家賃収入を「収益」として運用するという点ではカタチは同じです。しかし決定的に違うのは、確実なキャッシュフローを得るノウハウの元に、物件もこの目で確かめて取得するということです。購入の時点で物件のテナントの入居率が高くても、周りの環境、これからの変化なども見極めた上でマイナス要素が見つかれば当然、取得することはありません」（三作目の著書）

ノウハウがあるからとはいうものの、そう簡単なものではないはずだ。実際のところ、「このビジネスモデルはシンプルであっても、情報収集やその分析という点ではかなり高度な知識とノウハウが求められる」からだと小林は言う。

しかし、たとえそのノウハウを学んだところで、創業時から培ってきた経験値や判断力がなければ、最終決断はできかねるだろう。たとえ優良物件を所有したとしても、この羅針盤とともにマネジメントの手法がなければ、１００ある収益が90にも80にも下がることもありうる。ここで言うノウハウとは、マネジメント能力も含んでいる。

「優良物件に対する目利きや情報の分析も含めて、アセット（財産、所有物）マネジメントというのは、高度に洗練されたビジネス・スキルなのです。しかもビジネスモデルとしてはシンプルであり、私が常に求めていたものでした」

こういう表現がさらりと出てくるという点においても、小林が学究肌を感じさせる事業家といえる所以なのである。

真面目で論理的な思考とともに、「大きくなったら社長さんになる」と言った少年の夢が、今なお続いていると言ってもよいのかもしれない。

入札にエントリーする資格は実績と信用

何かとトラブルが多いレジデンスや空室率が高くて収益性の低い雑居ビルを売却していきながら、小林はビルを取得するための条件として、単純明快な2点に尽きると考えた。

①地方都市でも県庁所在地のある一等地のビル
②上場企業ばかり入居しているビル

さらに、過当競争の首都圏を避けるなどして、確かで安定したキャッシュフローが見込めるビジネスモデルを構築したわけである。

それにしても、なぜビルの売買が大きなマーケットになっているのか素人には想像がつかないが、その点について小林はわかりやすく説明している。

――山国で海洋国でもある日本は、お金持ちは大地主でもあるということからか、昔から土地神話があります。バブル経済まっ只中のときには不動産が急騰したことを記憶する人も少なくないでしょう。しかし現代は、大きな土地を持っているというだけで有効活用できなければ負の資産になったりします。

近年は、一般の会社が事業継承のため、あるいは節税対策や株価対策、相続税対策などのために不動産業者から不動産取得をすすめられたりします。そういう会社は収益を目的としないので、相続が終わったら機をみて不動産を転売したりします。

「不動産は値上がりしますよ」ということで、業者は企業以外の一般の人にもすすめたりしますが、そういう不動産神話はもう過去のことです。もちろん中には値上がりするものはあっても、過当競争の首都圏ではとくに物件の値下がりの危険性のほうが高いわけです。いずれにしても甲南アセットのビジネスモデルは右のような不動産神話とは無縁のもので、取得するオフィスビルはあくまでも「テナント」の収益を運用していくものです」(三作目の著書)——

第三創業をした当初は、甲南アセットの知名度がなかったので、さまざまな職種が入居した雑居ビルやレジデンスマンションを購入したが、それを続けることはキャッシュフローや管理上の面でも問題だった。そこをいち早く切り替えたのが正解だったのだ。

——実績を重ねるにつれ、有望なオフィスビルの情報が毎日のように送られてくるようになりました。つまり甲南アセットは、一流企業の入居するビルを多数所有する企業として、全国の有名ビルの入札にエントリーする資格が与えられたということです。

商売人にとって何より大事なものは、その人物の信用である、ということは創業時代から痛感してきたことですが、その信用を裏付けるのは実績です。甲南アセットがこれらの入札業者として認められたということは、信用を裏付けるビジネスモデルを構築して実績を重ねていたからです。ここまで来るのにざっと十年はかかっています。

——

この信用力は、小さな信用に信用を重ねた結果であり、第一創業から数えると40年近い年月であることは言うまでもないだろう。

後継者問題とコンプライアンス

第三創業に入る前から、小林から口癖のように聞く言葉があった。経営の近代化、マネジメント、ディスクロージャー、社会貢献、そしてコンプライアンスなどである。

小林は創業した当初から、商人としてあるべき道徳律や名言などを手帳に書き記したり、トイレの壁にも貼ったりして頭に叩き込んできた。長年身に付けたそういう習性は変わらず続いていたから、右に挙げた言葉は、常に心中で念仏のように唱えていたのだろうと想像する。

甲南アセットを設立して15年が経過した頃は、「コンプライアンス」という言葉を頻繁に言うようになっていた。それはまさに実績に基づく自信と自負の表れでもあった。

――全国の地方都市に優良物件を求めるという当社独自の戦略とノウハウを展開したことで、知名度・信用力は上がり、甲南アセットのブランド力も確立したのです。ブランドが確立するとノウハウの面においても好循環が起きてきます。それを要約すると次の3点です。

①　全国ブランドの不動産情報取得のノウハウ

②　都銀・地銀・信金の15行による融資、資金関連ノウハウ

③　優良物件の取得

これらの好循環により、担保価値、安定したキャッシュフロー、財務の安定性（借入金の20％の余裕現金保有）を得ることになります。

ビルのメンテナンスにはかなりコストがかかるものですが、その点においても好循環が出てきます。全国規模でビルを保有しているので、全国規模でビル管理ができる業者と提携し、メンテナンスに数値基準以上のコストがかからない仕組みが構築できています。さらに無人でビル管理・警備ができるシステムの導入にも取り組んでいます。

今後どのように業界の市場が変化していくのか予測できませんが、たとえ大きな変化があったとしてもコンプライアンスを守り、キャッシュフロー経営の羅針盤があれば方向を見失うことはありません。（中略）

コンプライアンスの欠けた会社（経営者）には融資もつきませんし、有力なビジネス情報はもたらされません。人との良き縁も生まれません。近年、一部上場の大手企

業が社会的信用を失うような様々な不祥事を起こしていますが、それでも会社がつぶれないのは、サラリーマン社長の首をすげかえることで済まされるからです。
しかしオーナー企業、中小企業においてはそうはいきません。現在のようなネット社会においては、悪い風評はあっと言う間に広がります。川の堤防が小さな穴から崩れるようなものです」（前著）――

ただ一つ、数年前から小林の頭を悩ませていた問題があった。それはオーナー経営者の誰しもが悩む「後継者問題」である。

――「もうかれこれ5年ほど前のことですが、甲南アセットの後継者問題に頭を悩ませた時期がありました。私は、次男を後継者にと思っていたのに、彼に拒絶されたからです。
次男は、自分で興したマンションリフォームの会社（甲南エステート）のほかに、「私のお針箱」をチェーン展開するコーナンファースを経営しています。どちらも業績は順調で、多忙な毎日です。彼にしたら、現業を伸ばすことが第一であり、これ以上時間を取られたくないとの思いがあったのでしょう。

長男のほうは、登山家を目指して彼は彼なりの人生を歩んでいます。私としては息子たちの人生を尊重したいので、無理に後継してもらわなくてもよいかと、半ば諦めかけていました」（前著）——


その後、小林は体調管理のためにドッグ入りしたときも、会社をどのように整理するかを考え続けていた。そんなある日のこと、次男から「継いでもいい」と言ってきたのだった。そのときの小林の安堵の気持ちがどれほど大きかったか想像にかたくない。

「実は、次男が後継を拒んだ理由は、私が現役でがんばっている限り、できるだけ長く続けてほしいとの思いがあったからだというのです。私はホッとすると同時に、孝行息子に胸のうちで感謝しました」

あるとき、小林は自慢げに「次男は私以上に商売上手」だと笑いながら言ったことがあったが、筆者は文字通りその言葉を受け止めた。というのも、次男も自ら起業して不動産事業を営んでいたし、小林から引き継いだコーナンファースの「私のお針箱」チェーン店の業績も伸ばしているようだったからだ。

――甲南アセットのビジネスモデルは、ものすごくシンプルに作られていますから、誰でもとは言いませんが、次男の能力なら安心して任せられます。大事なのは、経営能力だけではなく、甲南アセットのブランド力をいかに守り、さらにそれを高めていくかです。

ブランド力を言い換えると、社会的な信用力というコンプライアンスです。この点は後継者になる次男も、自ら起業して実業の厳しさを経験して十分認識しているはずですから、私としてはひと安心です。(前著)――

創業経営者にとってこれほど嬉しいことはないだろう。

コロナ禍においても淡々と

「ビジネスモデルの寿命はものすごく短いから、常にマイナーチェンジを心がけないといけない」と、小林は昔からよくそう言っていた。

また自著の中で書いていることでも、

「もうあのビジネスモデルは古いから……」と言ったりもする。それが具体的にどこを指しているのか問い詰めていないが、要するに、キャッシュフローを生み出さないのはビジネスモデルとは言えないのだから、社会変化とともに変わっていくのは当然のことなのだ。

たとえば、IT革命という言葉がさかんに言われだした2000年以降、インターネットの普及とともに通販のネットショップが増えていったが、いまの若い世代はとくにグーグルやヤフーで検索したりして、スマホで気軽にモノを買うのが当たり前になっている。

「魚のいない池で魚は釣れない」

これは小林の起業の鉄則の言葉の一つで、リアル店舗は立地の大切さを意味するものだが、ネットショップのビジネスモデルには当てはまらない。

IT革命は、リアル店舗だけでなくさまざまな業種に大きなインパクトを与え続け、新聞社や出版社などの情報産業にもその影響が影を落としていった。

「ニュースはスマホで見れるから、もう新聞は購読していない」という人は増える一方だし、紙の本より電子BOOKのほうが手軽だし便利という人も増える一方だ。出版業界が20年前をピークに右肩下がりになってきたのは、その影響も少なからずある。

電車に乗れば、百人中の五割以上の人がスマホを覗いており、紙の本を読む人はたまにしか見かけなくなった。

この傾向は広告費にも顕著に表れており、マスコミ四媒体（新聞、雑誌、ラジオ、テレビメディア）広告費の合算費は、2兆3985億円（前年比97・7％）。これに対して、「インターネット広告費」は、前年比114・3％の二桁成長で、3兆912億円となっている（2022年、電通）。

幸いというべきか、小林のビジネスは第二創業から今日まで、IT革命に大きな影響は被ることなく推移してきたが、2020年に中国の武漢から始まった新型コロナウイルスの世界的猛威の影響からはさすがに逃れることはできなかった。

それまでは円安の日本では、海外からのインバウンド観光客が増え続けていた。日本政府観光局（JNTO）の国際会議統計によると、2012年に800万人程度だった訪日観光客数は右肩上がりで増え、2015年には約1900万人、2019年には約3200万人と大幅な伸びを見せている。その中でも爆買いの中国人観光客は観光地だけでなく商店街・デパートなどでもにぎわっていたが、たちまちインバウンド景気の潮目が引いていった。

緊急事態宣言が度々発せられ、それが長引くと、飲食店の入るビルのテナントが次々に閉店していった。またオフィスビルのテナント企業がリモートワークを増やすようになると、事務所を縮小したり、家賃の安いビルに移転したりしていった。

甲南アセットにもこうしたコロナ禍の影響は少なからずあったが、小林が予想していた以上にそのマイナスは少なかったようだ。甲南アセットの所有ビルの多くが、利便性の高い駅に近い一等地にあり、テナントの多くが上場企業やその関連企業だったからだろう。体力的余裕のある企業は、コロナ禍もいずれは終息するということで踏みとどまったようだ。

この時期に見た小林の表情はいつもと変わらず、まるで天下泰平の殿様のように淡々としていた。甲南アセットはすでにこの業界で確かな地歩を築いていたから、焦る必要はなかったのだろう。

もっとも小林は、今後も不測の事態を想定して、甲南アセットのビジネスモデルをマイナーチェンジさせた。そのことを小林は、「もっと地域社会に還元・貢献できるように」という言い方をしている。

国もいま、地域社会の活性化のため企業の地方移転を推し進めるため、「オフィス減税」（地方拠点強化税制）などの施策を打ち出している（コラム9）が、その意味でも甲南アセットのビジネスモデルのマイナーチェンジは時流に則していると言えるのかもしれない。

人間力を磨くために

小林が悩み続けていた後継者問題のメドがつき、道筋が開けたことで気持ちのゆるみが出たのか、それとも長年の疲労が蓄積したせいか、病院に半月ほど入院したことがあった。そのとき筆者は、小林の5冊目の著書の相談もかねて見舞いに行った。顔色もよく快方に向かっている様子にほっとした。

一般社団法人・小林起業振興財団を設立登記したのは、2019年1月だから退院して間もなくのことだったと思う。小林は、この計画をずっと前から構想していたことだろうし、この話を聞いた時いよいよだなと筆者は思った。

「これからは事業とは別に、どういう社会貢献をしていくべきか、いろいろ考えている」と以前から度々言っていたからだ。いろいろ考えているとはいえ、小林がすることはやはり起業家への支援活動だろう、ということは筆者に限らず、身近に接してきた誰しもが思うことだった。

小林の行動は早かった。一般社団法人を設立して約半年後（8月）には、社団法人を財団法人として「一般財団法人コーナン財団」としたのである。その変更前には、組織委員会の主メンバーと話し合いが行われ、「ビジネスモデル・コンテスト（アワード）」を年に一度開催することに決まっていた。

その第1回を2020年3月に開催することになった。募集要項をはじめ、1次審査・2次審査の流れなどが決まり、2019年の秋から広報活動を始めたところだった。ところが半年後の翌年1月、コロナ禍が世界に猛威を振るいはじめたのだ。

しかしそんな中でも、「ビジネスモデル・コンテスト」は実施された。1次・2次審査は済んでいたので、3次の最終審査は大阪のグランフロント大阪北館の「大阪イノベーションハブ」を会場にリアルで行う予定だったが、コロナ禍の最中とあって中止となり、ZOOMでの開催となった。

「私は一度口にしたことは続ける」というのが小林の信条である。

その後も、2022年までコロナ禍の影響は続いたので、このコンテストは1次から最終審査まですべてＺＯＯＭ開催となった。そして２０２３年の４回目の最終審査は会場で開かれた。

第１回「ビジネスモデル・コンテスト」が開催された２０２０年11月、コロナの猛威が全国に吹き荒れる中、小林の六作目の著書『商人道と起業の鉄則』（あうん社）が出版された。その中で小林はこう書いている。

――ビジネスモデルは時代のニーズに応じて変化していくものです。甲南アセットにしてもいつしかビジネスモデルを変えて、次代には第４創業に向かうかもしれません。しかし時代や社会がどれほど変わっても変わらないもの、そして起業家・事業家に求められるのは、チャレンジ精神と事業へのロマンです。

繰り返すようですが、ベンチャービジネスのアワードで賞を受けた起業家が、その事業を成功させたという話は残念ながらあまり聞きません。だからこそ私は、コーナン財団のアワードにおいては、潜在的需要のシーズではなく、現に需要のあるニーズにマッチさせたビジネスモデルかどうかを基準に厳しく審査をさせていただきます。

――

そして同書の「商人道」というタイトルについては、こう記している。

――会社のコンプライアンスは経営者の人間力そのものにかかっているのです。事業を成功させようと思うなら、経営のノウハウだけでなく、正しい商人道を身につけて人間力を磨いていかなくてはいけません。それは生きている限り追究する、一人の人間として生涯のテーマでもあります。――

小林は自身の人間力を磨くために、一般財団法人からの格上げともいえる、認定の厳しい公益財団法人とした。そして、その社会貢献活動を、第四創業と言うのである。

※企業の地方移転　減税延長（コラム９）

政府・与党が法人税の減税で企業の地方移転を促す「地方拠点強化税制」について、来年３月末までの期限を２年間延長する方向で調整に入ったことが30日、分かった。（中略）地方拠点強化税制は、東京23区に本社や本社機能がある企業が地方に移転した場合、「オフィス減税」として建物の取得価格の7％分の税額が控除される。

移転先で従業員を増やした場合は「雇用促進税制」として3年間で1人当たり最大170万円の税負担が軽減されるほか、既にある地方拠点を拡充した場合も一定の税制優遇措置を受けられる。（中略）

新型コロナウイルス禍でリモートワークが普及したことで、中小企業を中心に地方移転は進む。帝国データバンクによると、4年に首都圏から地方へ本社や本社機能を移した企業は335社で、コロナ禍前の元年比1・4倍となった。増加傾向が見られる一方、地方から首都圏への転入傾向も根強いのが現状だ。

政府は9年度までに地方の雇用創出4万人を目指しており、政府関係者は制度の期限延長で「コロナ収束後も、企業の地方移転のマインドを切らさないようにしたい」と話している。

（産経新聞　23・12・1）

第35回商業界近畿ゼミナール（H16）

和暦	西暦	小林宏至（甲南グループ）	社会の出来事
平成16	2004	株式会社甲南アセット設立。不動産投資・貸ビル業を始める	自治体「平成の大合併」本格化
19	2007	不動産事業の設立に伴い、株式会社甲南チケットをM&Aにより売却。ディスカウントチケット業より撤退する	日本郵政株式会社が発足（日本郵政公社が解散）
20	2008	次男独立創業（甲南エステート） 大同生命明石ビル取得	リーマンショックから世界同時不況へ 日本人としては史上最多の4人（米国籍1人）がノーベル賞を受賞
21	2009	ベルエアー江上を取得	裁判員制度開始。米国、黒人初のオバマ大統領（第44代）。消費者庁と消費者委員会設置
22	2010		流行語「無縁社会」
23	2011	高松番町壺井ビル／梅田ADビルを取得	東日本大震災（3・11） 国際宇宙ステーション完成（1998開始）
24	2012	第一生命明石ビル／あいおいニッセイ同和損保小倉ビルを取得	
25	2013	㈱コーナンファース次男へ売却にて撤退。徳島Jビル（元ジャストシステム本社ビル）／徳島Jビル別館／豊橋コアビル／サザン水戸ビル取得	世界の人口が70億人突破 富士山が世界遺産登録 和食が無形文化遺産登録
26	2014	阪神伊福ビル／徳島第一ビル／水戸城南ビル／名古屋三博ビルを取得	消費税が5%から8%、17年ぶりの消費税増税
27	2015	平塚ビル／松江ビル／青森ビルを取得 阪神流通センター取得	パリ多発テロ、靖国爆発物事件 マイナンバー制度がスタート。「ふるさと納税」に人気

和暦	西暦	小林宏至（甲南グループ）	社会の出来事
平成28	２０１６	秋田山王21ビル／鹿児島加治屋町ビル／ＮＬＰ秋田ビル／小倉ＫＭＭビル／米子ビルを取得	電気小売り全面自由化
29	２０１７	リーガル松本ビル／水戸ＦＦセンタービルを取得	製造業大手の不祥事が多発 前年２０１６年生まれの新生児１００万人割れ（97万人余）。九州北部豪雨
30	２０１８	盛岡ビル／千葉中央ビルを取得	記録的な豪雨・暴風・地震が全国各地で頻発
31 令和元	２０１９	福井放送会館、ファース甲府ビルを取得。３棟売却	超大型台風、東日本の河川氾濫、甚大な被害を及ぼす。 天皇明仁が退位され上皇に（４・30）、天皇徳仁が即位（５・１）
２	２０２０	ファース堺ビル／ファース土浦ビル／小倉ＫＭＭビル別館・西館・パーキングビル／ファース長岡ビルを取得	新型コロナウイルスが世界中に猛威。４月７日、政府は緊急事態宣言を発令 東京オリンピック・パラリンピックが史上初の延期
３	２０２１		新型コロナウイルスのワクチン接種が２月17日、スタート 米大リーグで投打の「二刀流」エンゼルス大谷翔平がア・リーグでＭＶＰ初受賞
４	２０２２	ファース姫路ビル／ファース沼津ビルを取得	安倍晋三・元首相が７月８日、参院選の街頭演説中、銃撃され死亡 新型コロナ感染者、１日当たり10万人超え。改正民法施行、成人年齢18歳に
５	２０２３	甲南アセット米子ビル別館を取得	
６	２０２４	甲南アセット鹿児島天文館ビル／ファース松山三番町ビルを取得	元日、能登半島地震

第9章

横顔としてのエピソード

熱量あふれる商売人

ここで少し横道にそれて、小林の素顔について紹介してみたい。といっても、ふとした瞬間に筆者が感じた小林の横顔の印象のようなものである。

西宮商工会議所で行われた小林の講演を聞きに行ったのは、かれこれ20年前のことである。そのとき筆者は初めて小林と出会った。

講演のあと名刺交換をして、「今日のお話しを一冊の本にしたいですね」と企画出版を勧めてみた。すると小林が関心を示したので、数日後に本社を訪ね具体的な話をさせてもらうことにした。

それから約1年後に商業界から発行されたのが、小林の初めての著書『失敗しない起業の鉄則』である。商業界は、小売り流通関連の月刊誌を発行し、商業セミナーなども開いている老舗の出版社である。小林は長年、商業界との付き合いがあるというので本書の発行元となった。

小林はその後、17年の間に5冊（計6冊）の本を出版しているが、もっとも評判がよいのは最初の著書だった。なぜなのか？ その理由は簡単である。

この処女作には、第一創業から第二創業までの約30年間のストーリーが詳しく書かれており、率直なその語り口にも燃えるような熱量がこもっていたからだ。それでも小林は、あるページを指して筆者にこう言ったことがある。

「このへんの文章はもっともっと熱く書きたかった」

「十分熱量を感じる文章ですよ」と筆者はそう答えたが、西宮商工会議所で初めて小林の講演を聞いたときのことを思い起こすと、小林が言うのも尤もかとも思えた。小林の講演はそれほど熱い語りだったからだ。

第一創業から、ゼロからの商売実践を重ねていくなかで、小林は「スクラップ&ビルド十八の法則」というのを理詰めで作り上げていった。しかし商売人としての小林の根底にあるのは、大きな夢と志のあふれんばかりの熱量だったのだ。理論的に考える学究肌でありながら、実践するときには相当な熱量のエネルギーをそそいでいく。そのことを文章で表しきれないもどかしさが、「もっともっと熱く書きたかった」と言わせたのだろう。

初めての出会いから20年たった今も、商売・事業に対する小林の基本スタンスは何も変わっていないように見える。そこがまたスゴイことだと思うし、不思議と言えば不思議でもあり、人間小林の魅力といえるのかもしれない。

好感度のあるイラスト画

ある日、甲南アセット本社の会議室兼社長室へ秘書に案内されドアを開けたとたん、小林が立ったまま顔を真っ赤にして電話口に向かって怒鳴っていた。十数年来、初めて見ることだったが、やがて電話を切った小林はいつものにこやかな顔にもどり席に着いた。

「私はワンマン経営者」だと小林は本の中に書いているが、非上場のオーナー経営者のほとんどはそうだろうし、またそうでなければ経営の舵取りはうまくいかないだろう。小林の言うワンマンというのは、ただそれだけの意味であって、従業員や関連業者などに対しての専制的ワンマンではないだろう。そうでなれば企業の発展はありえない。

電話口で怒鳴っていたのは、おそらく業者の怠慢に対する怒りをぶつけていたからと想像する。というのも、小林の普段は、ここに掲載したイラスト画のように、おだやかな顔である。大きな声で笑うと布袋さんのような表情にもなるが、イラストは静かな笑みをたたえている。

誰が描いたのか知らないが、小林自身、この画を気に入っているようで、Ａ４大の紙に描かれたイラストが本社会議室の壁に貼ってある。甲南アセットのホームページにも名刺にも使われている。

ずいぶん昔の話になるが、ある日の雑談の折、小林の人生においてはありえない仮定の質問を投げかけたことがあった。

「もし川重を辞めず、サラリーマン生活をまっとうしていたとしたら、出世できましたかね」

と。

「できたと思う。社長にもなれたかもしれない」

と小林は即答した。そしてこうも言った。

「大きな会社組織というのは大なり小なりのセクトがあって、出世する人のセクトに属していると自ずと出世コースに乗ることができる。ところが出世頭の人がこけると、出世コースからはずれてしまう。僕はそういうセクトに属するのを避けたから、社長にだってなれる可能性はあった。僕の大学の同期は2人が常務になっている」

実は筆者もこのような答えを期していたのだ。というのは、小林は商売を始めてから、いわゆる付合いゴルフや接待などもせず、ひたすら商売に打ち込んできた人である。サラリーマンを続けていたら、そういうわけにもいかないだろうけれど、少なくとも会社組織内ではセクトに属して出世をねらうタイプではないと想像するからだ。つまり、組織内での権力的な争い事が嫌いなタイプなのだ。だからこそ自立の道を選び、商売人になったともいえるわけだが、商売を始めた百貨店の担当窓口の人から、「どこで番頭してましたんや」などと言われて喜んだというのも、小林の人となりをよく示しているエピソードである。「商売の世界では学歴なんか関係ない」と大卒や川重の経歴を隠し、商売にまじめに打ち込む低姿勢が業者からも好感をもたれたのだった。

商売人になるべくしてなった小林だが、おそらく大組織の中にいても、争い事を避けて、組織内の衆目の好感度によってそれなりの出世をしたのではなかろうか。

ふくよかな好感度のあるイラスト画を見ていると、そんなことも想像してしまうのである。ちなみに利発そうな少年時代の写真を見ても、自分の我をはらずに誰とも仲良くできる子どもだったように思われる。

モーレツさの反面

いつのことだったか、本社の会議室で筆者と二人きりのとき、小林が思わず涙ぐんだことがあった。話の流れから亡くなった前妻のことを語りだしたときだった。

「前の奥さんにはさんざん苦労をかけたから……」と言い出して、言葉を詰まらせると、ぐっとこらえていた。筆者はそのときの小林に、創業期においての家庭人としての苦しみを垣間見た気がした。

高度経済成長のまっさかり、モーレツという流行語が使われだしたのは１９６９年、ミニスカート姿の小川ローザが、猛スピードで走る車が起こす風でスカートがめくれると「Ｏｈ！　モーレツ」と叫ぶ丸善石油（現在のコスモ石油）のＣＭが流行した。

家庭や家族を顧みず、プライベートも犠牲にして会社への忠誠心や出世のため、上司や会社の命令のまま、がむしゃらに働くモーレツ社員がもてはやされた時代だった。その一方で、この風潮を茶化すようなクレージーキャッツの植木等が歌う「スーダラ節」（1961年）が流行り、これと並行して植木主演の映画「無責任シリーズ」が70年代の初めまで人気を博していた。

小林が起業したのは1973年のことだが、小林も家庭を顧みる間もなくモーレツに商売に打ち込んでいた。モーレツは当時の男社会全体の空気であり、ある種の希望のような言葉となっていた。

性別を理由にした差別を禁止することなどを定めた「男女雇用機会均等法」が施行されたのは1986年、「男女共同参画社会基本法」が施行されたのは1999年だ。そして今や過剰労働も大きな問題になっており、男の会社員も産休を取ることが勧められる。モーレツなどは時代錯誤の死語のようになってしまったが、小林が創業した頃はモーレツこそ男の甲斐性のように思われ、女性の多くは家庭の専業主婦というのが当時の常識だった。日本で専業主婦の割合が一番高かったのは1975年の60％程度と言われている。小林の妻も夫の帰りをひたすら待つ専業主婦だった。

十回ほどの見合いをして30歳で結婚した小林は、「商売人の娘と結婚したかった」と語ったことがある。商売のイロハを学びたかったからだという。しかし小林が独立起業するときは「妻が何も反対しなかったのはありがたかった。商売の大変さを知っていたら反対しただろうから」とも言っていた。

おかげで小林は思う存分、商売に打ち込むことができたが、多忙になるにつれ、一女二男の子育てにも協力できず、前妻の情緒がしだいに不安定になっていったことは確かだったという。それでも家庭を顧みることなく商売に没頭し、やがて家庭崩壊寸前となった。

もう何十年もの昔のことだが、小林は離婚の原因は自分のモーレツさにあったことを自覚するだけに、その罪悪感が胸の底に残っているのだろう。何かの拍子に亡くなった前妻のことが思い出され、言葉を詰まらせ、泣きそうになったのである。ビジネスにおいては妥協を知らない小林だが、計算ずくに動くタイプではなく、実直に「損得より善悪で判断する」、そして人情味あふれるところが人や情報を引き寄せるようだ。

小林の再婚相手もそうした小林の人間性に惹かれたお一人だろう。小林の一作目の著書の企画のとき、筆者は一度だけお出会いしたことがあるが、都会的で知的な印象を受けた。日本語学校の教師で、彼女自身も再婚だったそうだ。筆者は、誰彼なく人のプライベートなことは聞くのも話すのも好きではないので、その程度のことしか知らないが、あるとき小林はこう言った。

「うちのカミさんは僕よりもずっと度胸が座っている」と。

出石コウノトリグランドホテルの売却がなかなか進まず、毎月何百万円の赤字を出していた頃、小林は弱り切っていた。そんなとき、奥さんの言葉が励みになったというのだ。

小林が新規の商売をするときには、情報提供してくれたり、そのノウハウを惜しみなく教えてくれる師匠も現れるが、第三創業を前にして現れた再婚相手は、家庭の中でも良きビジネスパートナーだったようである。

起業塾の小林ファン

小林は、ビジネス上の接待というのは、するのもされるのも主義として好まない。だが、酒席の賑わいは嫌いなほうではない。

起業塾のあとは近くの居酒屋などで、その日の講師を囲んで会費制の二次会を開くのが恒例になっており、小林はよほどのことがない限り顔を出している。主宰者としては当然だと思っているのだろうが、80歳を過ぎたある日、いかにもシンドそうな小林を見たとき、無理しなくてもいいのに、と思ったことが何度かあった。それもどうやら杞憂だったようで、賑わいを心底楽しんでいた。

「私は何か事を始めたらとことんやる」

というのは小林の口癖だが、起業塾もそれに当たるわけである。

先にも書いたが、間もなく二〇〇百回目を数える「起業塾」に毎回、参加する人の約3〜4割は常連さんである。こういう常連さんたちは、講師の話から何かヒントを得たいために参加するのだろうが、それればかりではないようだ。一言でいえば、要するに小林のファンなのだ。小林自身もファンが増えるのを喜び、ほとんど無料で提供している自著にサインを頼まれたりするのがとても嬉しそうだ。

月例の起業塾は、毎月第二土曜日開催なので何かと用事ができ、遠方に住む筆者は参加できる回数は限られてくるが、西宮に住んでいた20年前はできるだけ参加するようにしていた。

「失われた20年」と言われたその当時は、異業種交流会というのが花盛りだった。営業目的で名刺をさかんに配ったり、最新情報を得てビジネスチャンスをつかもうとする人たちが集まっていたと思う。筆者も毎月二、三種の異業種交流会に誘われるまま参加したものだったが、しだいに行かなくなった。毎回同じような顔触れで、目新しい情報もなく、ある種の親睦会にすぎなくなっていったからだ。そうした交流会のほとんどが数年で消えてしまっただろう。

ところが小林が始めた「起業塾」はコロナ禍で一時中断もしたが20年以上続いている。始めた当初は、1年ほど続けるつもりだったらしいが、周りからの要望にも応えるうちに今日にまで至った。

「ぼくは一度こうと決めたらやり続ける」

小林は何度か筆者にそう言ったが、起業塾はまさにその事例なのだ。

「商売の秘訣は飽きないこと」であり、時代とニーズに応じて変化し続ける「継続は力なり」を、身をもって体感している事業家の言葉だけに納得できるという人たちが、小林ファンにもなるのだろう。

そこでつらつら思うのだが、起業塾というのはその名のとおり「起業」をテーマにした勉強会・情報交換の場であることは間違いないのだが、小林ファンにとっては人生の学びの場でもある、と言えるかもしれない。

公益財団法人コーナン財団を設立した今、月例の起業塾も年一回の「ビジネスモデル・

コンテスト」「起業家支援講演会」も、小林にとっては生涯のライフワークにもなっている。しかも公益財団の仕事を第四創業として位置付けている。

「今日は昨日の今日ではなく、明日は今日の明日ではない」

このことを信条とする、小林の視線はあくまでも未来志向である。

生涯現役のスケジュール

「事業承継というのは本当に難しい問題だ」

小林は度々そう言った。このことはどんな経営者も頭を悩ませる問題であり、小林も第二、第三創業で悩んできたことである。

第二創業の「甲南チケット」は上場も視野に入れながらM&Aでオリコグループへの売却で決着がついたが、第三創業の「甲南アセット」は次男への事業承継ということになった。

両方とも目出度く解決したわけだが、世の中には後継者問題が遺産相続問題になって身内での醜い争いに発展することも少なくない。創業者はそうした事態をもっとも憂慮して法的にもきちんとした遺言を残したつもりでも、兄弟姉妹をとりまく身内関係者までも巻き込んで火花を散らす事態になったりもする。現代はむしろそれが当たり前の世相なのか。実際にそういう話を友人知人から聞かされたりすると、うんざりした気持ちにさせられる。

小林は世間一般のそうした争いを回避せんがため、親として長女や長男への配慮も忘れずに、二人の生き方を尊重して遺産相続のことも行った。

日本社会はいま「2025年問題」と呼ばれる大きな問題を抱えている。言うまでもなく人口の超高齢化がもたらす社会問題である。

超高齢化に伴い社会保障費が膨らみ、医療や介護などの人材不足や現役世代などへの負担増加が懸念される。農業の担い手人口の減少や高齢化はずっと前から言われ続けてきたことだが、中小企業経営者においても同様で、平均年齢は60~74歳（2022年）になっているという。事業継承ができなければ、止むなく廃業を選択せざるを得なくなる。

こうした実情を反映して、2000年以降は企業のM&Aの件数が増加の一途を辿っている。ネット上でM&Aを検索してみると、M&Aを仲介する会社の数も多いのがわかる。

中小企業の場合、M&Aに至る理由として一番多いのは、やはり後継者不在ということのようだが、業績不振から経営資源を集中するためのM&Aだったり、競合企業を減らすことで業界再編といったM&Aなどもある。また大企業では企業防衛ということから、非上場を選択するところも増えつつあるという。(コラム10)

とにかく、超高齢化に加えての少子化問題は、日本社会全体に様々な影響を及ぼすわけだから、のんびりと手をこまねいているわけにはいかないのだ。

幸いにも小林は、後継者問題が解決し、三人の子に対する遺産相続のことなども憂慮することなく、甲南アセットの事業拡大には相変わらず意欲的であり、その一方で第四創業のほうにも意識を向かわせている。

小林のスケジュールは秘書のSさんが管理しているが、アポを取るために電話すると、二、三週間先まで予定が入っていたりもする。また、訪問する日と時間が決まった後でも、「申し訳ないけど、予定を変更してほしい。その日は、北海道へ出張しないといかんようになってしまったんや」

と小林から直接電話がかかったりもする。

後継者問題の憂いもなく現役社長として活動できるということは、結構なことだと思うが、それにしても昔のようにモーレツな過剰労働にならないことを秘かに案じるばかりだ。

甲南アセットは今やこの業界の中で超優良企業として知られている。少数精鋭の経営により利益率も財務もトップクラスだからだ。それでも小林はいつもこう言う。

「目標でいえば、いまは百段ある階段の七段目です」と繰り返し言う。

おそらく現役でいるかぎり、小林の立ち位置は、いつもそこにある。

唯一の気晴らしは温泉旅行だが

「仕事が生き甲斐です」とは多くの事業家が言う言葉だが、小林も当然その一人だろう。

多くの人は喰うために仕事をするのが実情だから、この言葉が嫌味に聴こえてしまう人も少なくないだろう。そういう人は、「そんなに金儲けしてどうするの」と言いたくもなるだろうが、事業を生き甲斐として楽しめる事業家は、そんな低次元の質問は無視するだけだ。

そして真面目な質問に対しては、

「事業とは総合的な創造活動である」と小林は答えるだろう。

それにしても、何か特別な健康法をしているようでもないし、その高齢で過密なスケジュールをこなして大丈夫なのか、と傍目にも思うことがある。

「このお盆休みはどちらへ？」

「この正月休みの予定は？」

筆者は何度かそんな質問をしたことがあるが、その答えはたいてい愛妻と二人で水入らずの、温泉旅館直行の保養旅行だった（たまには家族を誘うこともあるようだ）。行先は全国の決まった指定宿が何カ所かあるらしいが、詳しく尋ねたこともない。

保養旅行といってもせいぜいのところ一週間だろう。欧米人種は長期休暇をとって一カ月でも二カ月でも旅行したりするが、日本人はそれがなかなかできにくい。長期休暇をとったとしてものんびりできず、あちこちへの観光に忙しく走り回る。

小林夫妻は、さすがにそんな忙し気な観光はしないで、のんびりと保養するようだ。しかし……、そうした保養のときでも小林は、ビジネスのことを頭から完全に追いはらっていられるのだろうか？　おそらくそれはありえないだろうと、筆者は想像してしまうのである。

いずれにしても「総合的な創造活動」をする人は、それが芸術家であれ、研究者であれ、事業家であれ、身体はリラックスしたつもりでも頭はいつも何かを考えて休まらないだろう。実際、アルキメデスは風呂に入っていたときに浮力という物理法則を発見した。風呂場でリラックスしたから発見したのではなく、日頃から考え続けていたから、リラックスしたときに突然ひらめいたのだ。

それはともかく人間は生きている以上、気晴らしの保養期間はほどほどに、何か活動しないことには退屈だし、発見の喜びもない。達成感もなければ解放感もない。だから人は、夢や志の目標に向けて、活動のエネルギーを燃やしていかなくてはいけないようにできている。それが「考える葦」ともいわれる、人間という生命の宿業といってもいい。

小林は商売の「スクラップ＆ビルド」を繰り返しながら、原理原則を自ら作り上げ、それを忠実に実践してきた。それは与えられたものではなく、小林が「少年の夢」を抱いたときから実践して積み重ねた経験の集積であった。「少年の夢」から数えてみると、70年以上そうして生きてきたわけである。昨今、多くの事業家たちが悩む後継者問題から解放されたのも、これまでの小林の精進努力に対するご褒美と言ってもよいのかもしれない。

※非上場の選択　再建の選択肢に「物言う株主」脅威（コラム10）

経営再建を目指して株式の上場をやめる企業が相次いでいる。短期的な収益を求める「物言う株主」（アクティビスト）の力が強まっていることに加え、昨年4月の東京証券取引所の再編に伴い最上位の「プライム市場」を筆頭に上場基準が厳しくなったことも企業に非上場を促す要因となっている。企業が資金調達や信用獲得のため上場に固執する時代は終わりに近づいている。（中略）

ＭＢＯ（目標管理制度）による非上場化は経営陣などが参加することで迅速に意思決定ができ、株価に左右されず長期的な視点で事業改革に取り組めるなどの利点がある。敵対的買収の防衛策としても期待され、国内では増加傾向にある。

Ｍ＆Ａ（企業の合併・買収）助言のレコフによると、平成30年はわずか3件だったが、令和2年以降は毎年10件を超え、今年は今月21日時点で15件。すでに昨年全体の12件を上回った。最近では、紳士服のオンリーが昨年1月に、岩崎電気が今年6月にＭＢＯで非上場化した。

（産経新聞　２０２３・11・26）

起業家を志す学生を前に　グランフロント大阪（R1.5.9）

第10章

「少年の夢」に託して

失われた30年の先は？

甲南アセットは２０２４年に設立二十周年を迎えるが、誕生したのはまさに「失われた30年」の最中だった。

いったい何が失われたのか、いまの若い世代には何のことかわからないだろうけれど、簡単にいえば、かつての高度経済成長時代の成長と栄光が失われたわけだ。世界の国々と比べたデータをみればそれが歴然とする。

ネット上で「失われた30年」を検索すると、さまざまな情報が飛び交っている。「日経ビジネス」には、２０２３年版「世界競争力ランキング」について、次のように書かれている。

――スイスの国際経営開発研究所（ＩＭＤ）が発表した２０２３年版「世界競争力ランキング」によると、日本の競争力は35位だった。これは過去最低の順位で、22年より2年連続のワースト記録更新だという。なおアジアでは4位のシンガポールをはじめ、台湾（6位）、香港（7位）、中国（21位）、韓国（28位）が日本より上位にランクインした。

世界競争力ランキングは、世界の主要な64カ国・地域を対象に「経済実績」「政府の効率性」「ビジネスの効率性」「インフラ」の4項目を評価する指標だ。日本は経済実績の悪化をはじめ、政府の効率性とインフラでも順位を落としている。——

日本の競争力が低迷し続けていることはわかっていたが、ここまで落ち込んでいるのかと、愕然としてしまう。競争力の低下は、「『低学歴国』ニッポンの現状」、という数字にもはっきり表れている。

——博士課程進学者、ピーク時の約半分に 「低学歴国」ニッポンの現状

アカデミックな分野でも競争力の低下が見られる。日本は先進国の中でも「低学歴国」で、2018年度の博士号取得者は米国、ドイツ、英国、韓国をはるかに下回った。国別の順位では21位だという。科学論文数の国際順位も10位（2018年）で、1990年代の3位から大きく順位を落としている。——

甲南アセットのビジネスは、こうした日本の現状からさほど大きな影響を受けていないかもしれない。それでも小林は第三創業に入った頃から、「これからは先端技術、とくにＩＴ関連のイノベーションがますます大事」ということをよく言っていた。小林は投資家ではないにしても、一時期、知人の紹介で大阪のＩＴ関連企業に投資したことがあった。おそらく投資というより個人的に協力したいという思いがあったからだろう。そのことに関連するのかどうか、三作目の著書（『商人道に学ぶビジネスの鉄則』）には、「私はＩＴ関連の会社を地方で興せないかと考えていました」と書いている。出石コウノトリグランドホテルをその拠点にと考えていたようだ。

ところがちょうどこの時期、出石コウノトリグランドホテルのオーナーになったことでつまずいてしまった。先に触れたように小林は、経営者の会社が倒産したために自らホテル経営をやらざるを得なくなり、最終的にホテルを売却するまで数年間はこの件で苦しみ、ＩＴ関連会社を興すどころではなくなったのだろう。

甲南アセットは順調に伸びていたし、この時期もしホテルのオーナーに就任していなかったら……。未来志向のイノベーションを信奉する小林のことだから、ひょっとしたらＩＴ関連企業を立ち上げていたかもしれないと想うのだが……。

次世代スーパーコンピュータ

「世界競争力ランキング」関連の記事をネットで見ていると、この現状のままでは「失われた40年になってしまう」という悲観的な見方が目につく。

ここで政治的な話題を挙げたくはないのだが、イノベーションの重要さについて、日本の指導者層の認識がいかに甘かったかという「歴史的なエピソード」を書いておきたい。それは「次世代スーパーコンピューティング技術の推進」についてである。

科学技術は国力の根幹であり、未来を切り拓く鍵である、ということは科学に疎い人でもわかる常識といえるだろう。実際、時の日本政府（自由民主党）は、科学技術創造立国を目指し、五年ごとの「科学技術基本計画」や2025年までの長期戦略指針「イノベーション25」などを関係各府省が推進していた。

ところがである。2009年（平成21）年8月30日、民主党が総選挙で歴史的大勝利をおさめ、自由民主党は下野することとなった。この政権交代によって、科学技術基本計画にも大きな影響が及んだのだ。

それを端的に物語るのが、事業仕分けによる予算計上の見送りや縮小により、「次世代スーパーコンピューティング技術の推進」もその対象となったことである。

「計算速度世界一」を目指すスーパーコンピュータについて、文部科学省の担当者が「1位がとれなければ、様々な競争分野で日本が不利になる」と発言した。すると、事業仕分け人（評価者）だった民主党の蓮舫参議院議員が、

「なぜ2位になったらだめなのか」と発言したのである。テレビニュースでこの場面を見た筆者は思わず失笑した。このナンセンスな歴史的シーンを覚えている人は今も多いことだろう。案の定、この発言は大きな波紋を呼ぶことになった。

その後も民主党内で、「科学技術は大事だが、世界一でなくてもいい」「中国やアメリカから買えばいい」という不見識な発言が続いたりして、科学者たちの批判の嵐が巻き起こった。

世界の主要国が科学技術大国を目指してしのぎを削る「知の大競争時代」にもかかわらず、日本の未来への投資である科学技術関係予算を「無駄遣い」の一言で削減する事業仕分けの在り方には憤りを覚える。研究の継続性や人材が要である科学技術は、ひとたび政策を誤れば世界に大きく遅れてしまうのだ、と。

こうした批判の嵐があって、どうにか次世代スーパーコンピューティング技術の推進

は続けられることになったが、却下された科学技術予算は少なくなかったようだ。

革新的ながん治療の臨床試験を続けていたある医師は、「ゼロベースで見直された」結果、予算が獲得できず、やむをえずアメリカの研究機関に戻って開発し、米国のベンチャー企業にライセンスした、という(『光免疫療法』小林久隆)。おそらくこうした事例は枚挙にいとまがないのだろうと思われる。

政権交代によって、さまざまな政策が変更されるのは当然のこととはいえ、「国力の根幹であり、未来を切り拓く鍵」でもあるイノベーションの推進が頓挫することは許されることではないだろう。

2011年(平成23年)3月11日14時46分18・1秒。

東日本大震災により大津波が発生、死者・行方不明者と関連死を含めて2万2千人以上という未曽有の大災害となった。これに伴い福島第一原子力発電所事故による災害が続いた。この大災害のあと、民主党政権は3年3カ月という短命で終ってしまった。政権運営失敗の原因は大震災後の後手の対策だけでなく消費税10%の導入問題などいろいろと言われているが、いずれにしろ国の未来志向の戦略が甘かったということに尽きるだろう。

しかし自民党が政権復活した後も日本経済の低迷期は続き、低賃金や円安、低成長が定着する中、少子高齢化などによる労働人口の減少、すなわち「2024年問題」や「2025年問題」が大きな課題となっている。バブル崩壊以降の日本社会の閉塞感はずっと続いていると言わざるをえない。だからこそ新風を起こす起業家精神が求められているのだ。

こうした混乱や閉塞感の中においても、甲南アセットの不動産再生事業は停滞することなく所有ビルを次々と増やしていった。そして2020年11月には、小林が1年以上前から執筆を続けていた本『商人道と起業の鉄則』を上梓した。また以前から準備していた起業家支援の「ビジネスモデル・コンテスト」もこの年に始まった。

小林は普段から政治向きの話は公にしないけれど、日本のイノベーションの現状に対して危機感を覚えていることは確かである。繰り返すようだが、第四創業と位置付けた「公益財団法人コーナン財団」も同じ思いから立ち上げたのである。

コロナ禍の最中でも淡々と

２０２０年1月、中国の武漢を発端に広がった新型コロナウイルスの猛威は留まることを知らず、世界各地で医療危機を招くほど人命を奪いながら、甚大な経済的影響も及ぼしていった。身近に迫るパンデミック（感染爆発）の鎮静をただ見守るしかなく、人々の日常生活はもとより、すべての業種の経済活動は縮小していった。

コロナ禍以前、２０１９年の訪日観光客数は3千万人以上を記録していた。観光業は日本のＧＤＰを押し上げるだけでなく、地方への大きな経済波及効果が期待されていた。２０１９年のインバウンド消費額は約4兆８０００億円（観光庁）でＧＤＰに占める比率は約０・７％だが、生産波及効果にしたら約7兆８０００億円だという（経済産業省）。この期待感から多くの地方自治体が、訪日観光客にプロモーションを行っていたが、その矢先でのコロナ禍となった。

この間、政府は感染拡大を抑制するため、たびたび緊急事態宣言を発令した。飲食店は開店休業状態となり、廃業する店も増えていく。企業のオフィスでは、社員の出社数を制限して自宅でのリモートワーク導入をする会社が増えた。やがてオフィス面積の縮小や移転も始まった。

こうした状況が続く中、甲南アセットを訪ねると、まず入り口で体温検査と手の消毒。月例の「起業塾」は当然休講が続いていた。「ビジネスモデル・コンテスト」は毎年続けられたが、3年連続、リモートでの開催となった。

とくに大都心部では企業のオフィスビルがどんどん縮小されたり移転しているといったテレビニュースを見るにつけ、甲南アセットはどうなるのかと案じたりしたが、小林の表情はいつもと変わった様子には見えなかった。ただ、コロナ禍の終息が見えない中、さすがにビジネスモデルのマイナーチェンジをせざるを得なかったようだ。それを具体的にどうするのか、詳しくは語らなかったが、

「これからは地域に密着して、もっと地域貢献もできるモデルチェンジをするしかない」

とポツリと漏らしたことを筆者は記憶する。

どんな事態が起ころうと、そのときの試練をチャンスに変えるのが百戦錬磨の事業家というものだろう。おそらく小林はコロナ禍においても、オフィスビルの市場動向を厳しい目で査定しながら、次の戦略を練っていたのだろう。

現実主義者である小林は、大げさな表現を嫌うし、自分の口からも言わない。心の内

には日本の未来のためと思っていたとしても、「地域貢献」という控えめな言葉を口にするのは、「自分の身の丈に応じての貢献」という意味合いである。小林はその目的から公益財団法人を設立したわけだが、前段階として一般社団法人コーナンを設立したのはコロナ禍の最中だった。

ちなみに甲南アセットが所有するビルは、コロナ禍前（2019年）は25棟で、それ以降から現在まで10棟増えている。

2024年・2025年問題

物流危機、外国人労働者、働き方改革、長時間・時間外労働、ライドシェア（タクシードライバー不足）等々。これらはすべて、労働人口の高齢化と人口減少の問題につきあたる。2025年には、これを総じて、2025年問題とか2024年問題などと呼ばれている。

少子高齢化社会が続く中、2025年には「団塊の世代」が75歳を迎える。後期高齢者の割合が増えるにつれ、日常的な生活支援や医療・介護等の様々なニーズが増える一方、それを支える「担い手」不足がずっと以前から言われ続けてきた。

明らかなニーズがあるということはそこにビジネスチャンスも生まれてくるわけだが、なにしろ人材そのものが追い付かないのだ。

タクシードライバーの不足を解決する方策の一つとして「ライドシェア」が国会でも検討されているが、法律上の問題をはじめ様々な負の要因をクリアしないと前にすすまない。

どの分野であれ有能な人材を育てるのには時間がかかる。その点、小林は非常に合理的かつ簡素なやり方で、必要最小限の社内人材を育ててきた。少数精鋭主義である。

「オン・ザ・ジョブ・トレーニング」（仕事の中での熟練）で人材を育てる。

アウトソーシングをシステム化する（信頼関係の下で外注する）

管理システムで業務の簡素化を図る

コンピュータ管理システムで人員を減らす

契約に基づくパートナーシップを確立する

などが挙げられる。実はこれらは第一、第二創業の中で確立したものだが、この基本方針は現在の甲南アセットでも踏襲されている。

たとえば先に少し述べたように、全国各地に所有するビルのメンテナンス業務というのは、設備のシステム管理をはじめとする作業に多くの労力が必要とされる。そういうビルメンテナンスは信頼できる業者（パートナー）にアウトソーシングすることで、業務の簡素化を図っている。本社ではわずか十数人の社員が、コンピュータ管理システムにより、外注先やテナントとのやり取りも簡素化を図っている。この業界ではまだ新参者の甲南アセットが、収益実績ではトップクラスという理由もそこにある。

「不動産再生事業は、情報産業です」と小林が言う根拠は、右のような体制が確立されているからに他ならない。だから小林は、次々と寄せられる各地の不動産情報の「価値」判断に集中できるのだ。市場全体の動向を読みながら、これはと思えば現地に飛んで目で確かめ、「購入するかどうか」の決断をするのも早い。迷ったときでも小林がつくりあげた経営の羅針盤「管理会計」がある。筆者は実際、小林の現地入りに同行したことはないけれど、小林の頭の中がまさにコンピュータのごとく「管理会計」を基に素早く計算する姿が想像されるのである。

これからの日本社会において、「２０２４年・２０２５年問題」はずっと課題のまま続くことだろうが、甲南アセット社内においてはこの問題は無縁のようである。

16歳からの起業塾

『16歳からの起業塾』という本が、NBK（一般社団法人関西ニュービジネス協議会）から2018年11月に発行された。

2018年といえば、甲南アセットが全国の一等地の一流ビルだけに的を絞って取得するというビジネスモデルに変えて7～8年経った頃である。各地への出張が増えて多忙を極めた小林は、NBK（現・関西NBC）からは一線を引いていたが、ベンチャービジネスコンテストの審査委員や講演を頼まれたりする関係は続いていた。

この本の副題には、「ダイヤモンドな君たちに贈る奇蹟の授業」とあるように、NBKは提携した高等学校の教室で「起業塾」の授業を行った。現役の企業家たちの話なので生徒たちには大変好評だった、というレポートを載せている。

3章からなる目次は次のとおり。

第1章　『16歳からの起業塾』講義リポート―君たちの未来は希望にあふれている！
第2章　『16歳からの起業塾』誕生までの物語―経営者が、高校生に伝えたいことリーダー誕生！「イノベーションの担い手となる若者」を育てたい！　子どもたちに「夢とロマンの人生」を！

第3章　学校から見た『16歳からの起業塾』―教師が、高校生に備えたい力

こうした目次の小見出しでもわかるように、この企画編集に関わったNBKメンバーたちの熱い思いはよく理解できるし、こうした授業が各地の学校で広まることは望ましいと思う（実際、こうした動きは各地で広まりつつあるようだ）。

しかしわずか数回の授業によって社会経験のない高校生の意識変革を望むには無理がある。何をするかどうかではなく、漠然とでもいいから、起業家という職業（仕事）の魅力を感じてもらえればそれでいい。青少年時代からビジネス・起業への関心を持つ人数が増えていけば、その全体数の確率の点から考えても、志の高い起業家が増えるのは当然と考えられるからだ。おそらくNBKのメンバーはそんな気持ちで、学校での起業塾を行ったのだろう。

『16歳からの起業塾』の発行より15年も早い2003年に、『13歳のハローワーク』という本が、作家の村上龍の企画執筆により幻冬舎から出版されている。累計発行部数

148万部を記録したという。その続編『13歳の進路』のほか、近年は類書本も少なくない。

村上龍は『13歳のハローワーク』にこう書いている。


――大人になるためには仕事をしてお金を得ることが必要だとしたら、いやでいやでしょうがないこと、つまり自分に向いていない仕事よりも、自分に向いている仕事をしたほうがいい、というのが『13歳のハローワーク』旧版の基本姿勢でした。（中略）いくらでも集中できて、飽きない、というのが、その人に「向いていること」です。13歳のみなさんは、「好き」ということを「入り口」として考えてください。――


小林もこの意見に対しては何の異論もないだろう。「商いは、飽きないこと」とよく言われるが、「起業」の概念を「好きなことをする」と言い換えることもできる。

「自分の好きなこと、そして夢の実現を目指すのが一番。だから僕は自分の息子たちにもそう言ってきた」と小林は言う。

しかし21世紀に入り、バブル崩壊後の失われた10年が続いた閉塞感の中で、夢を語れない大人が増えていった。それが子どもたちの心にも少なからず負の影響を与えていったのだ。

その当時の世相を記録したのが『子どもが見えない』（NHK取材班、2005年）という本である。同書の「はじめに」にこう書いてあった。

「大人よ、大志を抱け、もうかつてのような『少年よ、大志を抱け』という希望がはっきり見える時代ではありません、今必要なのは、大人の側が大きな志を抱くこと。そうじゃないと子どもはいつまでも変わりません」

NBKの有志メンバーや村上龍にも共通するのはこの思いと願いだろう。

小林は16歳どころか、小学生（10歳）のときから少年の大きな夢を抱いたまま、70余年が過ぎ、甲南グループ創業五十周年を迎えたのである。

子どもたちの夢を育む

こども家庭庁が、2023年4月1日に発足した。言うまでもなく、このことは、現在の日本の社会情勢をそのまま象徴するものである。

戦後の焼け跡から復興した小林の少年時代は、元気な子どもの声が巷にあふれていた。近年は自然ゆたかな田舎でも子どもの声を聞くことがまれになったと誰もが言う。少子化の流れを食い止めることはなかなか難しいけれど、せめて子どもたちが大きな夢を抱くことができる社会にしていかなくてはならない。過去の栄光を懐かしんだり、「失われた30年」や現状の閉塞感を嘆いていても始まらない。

どんな分野でもいいから夢を持てば、世界中で活躍する舞台が広がっている。野球にしろサッカーにしろ、スポーツ界ではとくにそれが顕著にみられる。

あの大谷翔平は、アメリカの大リーグのみならず、スポーツを愛する世界中の人々にも親しまれ愛されるヒーローとなった。しかし本人は少しもヒーローぶらず、礼節正しい日本人としてふるまっている。そこがまた素晴らしいと世界が認める存在になっている。

彼がここまで上り詰めることができたのは、もちろん恵まれた健康な体と才能があったからだが、家族や学校のほか周りの環境とともに指導者にも恵まれたからである。残念ながら、どれほど才能があっても、浮かばれない子どものほうが圧倒的に多いのだ。周りの大人がそれに気づきサポートしたらどれほど眠った才能が開花するか知れない。

才能と努力だけではまだ足りない。大谷選手はシーズン中、仲間に誘われてもほとんど外出せず、日課のトレーニングに励んでいたそうだ。それをストイックに続けているようでもなく、高い目標数値を達成するためには当然のこととして楽しんでいた。そして2023年、怪我のためシーズンの終わり頃にリタイアしたが、日本人としては初のホームラン王(44本)と二刀流(投手)の成績により、一昨年(2021)と同様に満票でMVPを受賞してしまったのだ。今後も破れそうにない歴史的記録となる快挙となった。

大谷選手は特殊な事例と言えなくもない。しかし彼は、どんな分野でも「好きなこと」を高い目標に向かって日々精進しなければ栄冠は手にできないと身をもって示した。その清々しい姿が世界中に発信され、大人にも子どもにも希望と夢を与えたのだ。むしろその功績のほうがずっと大きいと言えるだろう。

起業についても同じことが言える。だからNBK(現・関西NBC)としては、社会貢献の一環として『16歳からの起業塾』という試みを行ったのだろう。しかし16歳では遅いということか、村上龍は作家の使命感から『13歳のハローワーク』と、その続編『13歳の進路』を出版して世に問うた。

いずれにしろ周りの大人たちが、それぞれの立場や経験を生かしながら子どもたちの夢を育むことをしていく必要がある。企業活動はもとより、スポーツにしろ芸術にしろ、どんなジャンルにおいても国境はないのだから……。むろん「科学に国境なし」(コラム11)である。

少年の夢「単純明解な目標と志」

２０２３年秋、コロナ禍以前よりもインバウンド需要が復活しているという。平和な日本の美しい風景や伝統文化や和食、そして親切な日本人の暮らしぶりを見た外国人の日本びいきが、一層増えていくのは喜ばしいことだ。

その一方で、日本の人口減は危機的状況にある。現状のままでいけば２１００年には半減し６３００万人になってしまうことから、「人口戦略会議」(コラム12)は今年（２０２４年）１月、２１００年に８０００万人目標とする「人口ビジョン２１００」を提言した。人口規模が縮小しても、この人口に安定化させ持続的成長力のある社会を、というものだ。

グローバルな世界を見渡せば、民族の歴史的経緯からくる憎しみの連鎖による戦争や紛争は絶え間なく混沌とした現実があり、地球環境問題や貿易摩擦など数えればキリがない。起業して何をするにしてもこうした厳しい世界で活躍しようと思えば、才能を磨くだけではなく精神的にもよほどタフでなくてはならないだろう。

日本の未来はいまの子どもたちの未来である。そう思えばなおさらのこと、「少年よ、大志を抱け」とエールを送ってやるのが大人たちの責務だろう。


小林の起業塾や「ビジネスモデル・コンテスト」は、すでに起業した人やこれから起業する人が対象だが、これまで参加した人たちは延べ数千人になり、著書の読者も含めると数万人？　さらに数多い講演数やマスコミ誌の取材数などを合わせると数百万人という人が、小林の起業の生き方・考え方に接してきた。

この数字にみる影響力が大きいか小さいか、実際にどれほどの人が起業して成功したかどうかということは小林にとって気になるだろうが、長い目でみれば、日本の未来、子どもの未来がどうなるかということのほうが大事だろう。

小林の熱い起業家精神をくみ取った人たちが、自分の周りでそれを伝えてくれたら、というのが起業塾を続けてきた小林の切なる願いなのだ。子どもたちの眠っていた才能が目覚め、「少年の夢」が開くかもしれない、と。

小林は経営者としては冷静で合理的思考の持ち主だが、心はいまだに熱い「少年の心」のままである。小林自身の第四創業は、その延長線上にある。

かつて小林は、最初の著書の文章をもっと熱く語りたかったと、筆者に言った。そうだろうなと筆者は思い笑った。たしかに小林の講演での語りは、文章の二、三倍熱量があるからだ。

そういう生身の小林の熱い起業家精神を語る「単純明快」な文章を、次世代の起業家たちに贈ることにしよう。

――子どもの時に何でもいいから大きな目標を持たせれば、どんなに社会が変化しても、自分の行く先というのは見えるものです。迷いながらでも、自分の目指す方向に向かっていきます。嵐があっても乗り切って行きます。

しかし目指す目標がなかったら、嵐が来たら翻弄されます。船で出航した時に、ニューヨークへ行くのか香港へ行くのか分からなければ、嵐の中で難破します。それと同じように、人生においても方向がはっきりしていないと、何をやっても中途半端に終わるか、チャンスがあってもそれを生かせない。

幸い私の場合は、社長になるという単純明解な目標と志があったから、そのためには自分で独立して商売をするしかないと決断できた。人生の目標を早く確立したので、その方向に向けてすべてを判断して進むことができたわけです。――

２０２４年１月20日未明、日本初の月面着陸を目指していた小型実証機・スリム（ＳＬＩＭ）が、ついに月面着陸に成功し、世界で５カ国となった。ロケット打ち上げに何度か失敗していたが、着陸地点の誤差を１００メートル以内とする「ピンポイント着陸」は日本が初めての成功だという。

夢の実現を目指す科学者や起業家たちのチャレンジ精神に過去はなく、現在形と未来形ばかりである。

２０２５年には関西万博が開かれ、近未来の夢のあふれる技術が出現する。

今日から明日へと向かう子どもたちには、想像を絶する未来が待ち受けている。

※科学に国境なし（コラム11）

ノーベル賞ゼロ――科学に国境なし　若者雄飛を

科学者にとって世界最高の栄誉とされるノーベル賞の自然科学部門は、昨年に引き続き日本人受賞者がいなかった。だが、国が平成13年に策定した第2期科学技術基本計画は、「50年で30人程度のノーベル賞受賞者を目指す」とし、22年たった今年の段階で既に19人が受賞している。その間には、最大で5年間にわたって受賞がなかったこともあり、悲観することはない。

当面、日本人のノーベル賞受賞は続くだろうが、直近の日本の科学技術力は危機的状態だ。世界的に注目され引用が多い論文数の国別順位は13位に転落した。大学の研究環境を評価する世界ランキングも、１００位以内は東京大と京都大だけ（中略）

国内水準に甘んじていては、研究の最先端は絶対に見えてこない。世界を舞台にしのぎを削るサッカーや野球と同じく、厳しい競争環境に身を投じ、世界中の新進気鋭と対峙してこそ、科学の真の姿が見えてくる。最先端の人や知識との出会いを通じ、明日に何が起こるのか、科学技術の潮流を見通す感覚が磨かれ「先行指標」も得られる。

科学に国境はない。だが、帰国してからのポスト取得の懸念や、海外生活への不安などから日本にしがみつき、留学に尻込みする若手が多い。この狭量はあまりに情けない。彼らの海外への雄飛を促す環境を整備すべきだ。（略）

平成13年ノーベル化学賞 野依良治氏の談話。

（産経新聞 2023・11・26）

※「人口ビジョン2100」（コラム12）

経済界の代表者や有識者らでつくる「人口戦略会議」（議長・三村明夫日本製鉄名誉会長）は9日、2100年の人口を見据えた人口減少対策の提言を公表した。人口が現状から半減の6300万人に向かう国立社会保障・人口問題研究所の推計に危機感を示し、8千万人で安定化させることを目指すべきだと主張した。国民と危機意識を共有し、官民で取り組む国家ビジョン策定の必要性を強調。内閣の司令塔組織や有識者らによる審議会の設置を求めた。

提言は「人口ビジョン2100」。提言では、これまでの人口減少対策は危機意識の国民との共有や若者の意識を政策に反映させる姿勢が欠けていたと指摘。8千万人で安定化させる「定常化戦略」として若者世代の所得向上や雇用の改善、東京一極集中の是正などに取り組むことを求めた。同時に、人口規模が縮小しても成長力のある社会を構築すべきだと強調。生産性の低い企業・産業・地域の構造改革といった「強靭化戦略」にも並行して取り組むべきだと訴えた。また、人口減少を補うための移民政策は「とるべきではない」としつつ、「労働目的の永定住外国人に対する総合戦略の策定は喫緊の課題」としている。同会議のメンバーは同日、岸田文雄首相と官邸で面会し、提言を手渡した。

副議長の増田寛也元総務相は「達成できなければ社会保障などは完全に破綻する」と述べた。

（産経新聞　２０２４年１月10日）

起業の鉄則塾

出版記念パーティー（2019.3.23）

第11章

果てしない少年の夢と志

小林宏《ひろ》至《よし》

どんな事業であれ現状において利益を生み出しているということは、社会の中で役立っているということです。それでも当の事業家が「もうそろそろ潮時だ」と思えば、その後の発展は止まり、しだいに終息に向かっていくでしょう。

昨今、利益を出している中小企業でも、自身の高齢化や後継者不足を理由に事業の継続を断念し、あるいはM&Aを選択する経営者が少なくありません。団塊の世代が75歳を迎える、いわゆる「2024年問題」は向こう十年ほど続きますから、この流れは止めようがありません。

幸いにも私は、団塊世代より一回り年長ですが、長い間悩み続けていた事業承継の問題が解決したおかげで、次の第四創業への想いに夢を膨らませています。創業からちょうど五十年、この半世紀を改めて振り返ってみると、私の事業活動を支えてくれたのは「少年の夢」にほかならなかったということです。第一創業から第二創業に向かうときも、第三創業に向かうときも、私を奮い立たせたのは「少年の夢」でした。まさにこれが原点です。

この原点に立ち戻るということは、すなわち、「事業に終わりはない」ということです。終着点がないのですから、目先のある目標を達成しても、最終的な目標は遥か遠くにあります。たとえば、目の前の目標を達成したところが、百ある階段の五段目だとします。その五段目から次の目標に向かい、それを達成しても、私の中では相変わらず、七段目なのです。上に一段、二段に上がったかと思うこともありますが、その地点に立って周りの景色を見ると、終着点の目標がまた先の方に遠くになっている。

私は講演などで、「この事業はいま百段ある階段の七段目です」と言ったりします。すると、聞いた人の中から、「この間は、階段の五段目と言われましたよ」などと笑って指摘してくれる方がいますが、「事業に終わりはない」ということを私は言いたいのです。つまりこの半世紀、私の事業活動を支え続けてくれたのは、果てしない少年の夢と志だったというわけです。

さて、昨年（2023年）秋頃、甲南グループ五十周年記念誌を発行することを社内で決定したあと、記念誌編集委員スタッフに一任することになりました。第三者視点で書くということや、本の中身についても、すべて委員に一任しました。

しばらくして、本のタイトルを、「少年の夢・起業・志」とするとの報告がありました。これを聞いて私は一安心しました。私自身が言いたいことは、これに尽きるからです。

少年の夢と志と言っても、私はよくやく物心のついた小学4年生でしたから、実にたわいないものでした。

「社長さんになりたい」というそれだけの夢でした。

少年の夢とはおよそそんなものです。しかしその思いが、社会人になってもずっと続いていたということについては、私は自分自身を褒めてあげたいと思うわけです。

2020年、コロナ禍が始まったその年のことでした。第1回ビジネスモデル・コンテストの最終審査を、3月1日に大阪のグランフロント北館で開催する予定でした。その審査の前に、私は主催者として短い講演をするために、その話をパワーポイントのスライド表にまとめていました。タイトルは「ゼロからの出発　～起業成功の秘訣」というもので、社内スタッフが私の思いをコンパクトにまとめてくれました。

ところがこの年明け、世界中に広がった新型コロナウイルス感染の勢いは止まらず、ビジネスモデル・コンテストを会場で開くことは断念せざるをえなくなり、Ｚｏｏｍでの開催となりました。政府が緊急事態宣言を発令したのはその翌月でした。

社員がビジネスモデル・コンテストのために制作してくれたパワーポイントは、その後、何度か活用することがありました。いま改めて見直してみると、私が言いたい要点がよくまとまっています。そこで、本記念誌上で私に与えられたページの中で、パワーポイントのスライドをいくつか活用しつつ話をすすめていきたいと思います。

パワーポイントでは、まず私の略歴や著書紹介にはじまり、「少年の夢と志」を短いキーワードにした、次の3枚のスライドで表しています。

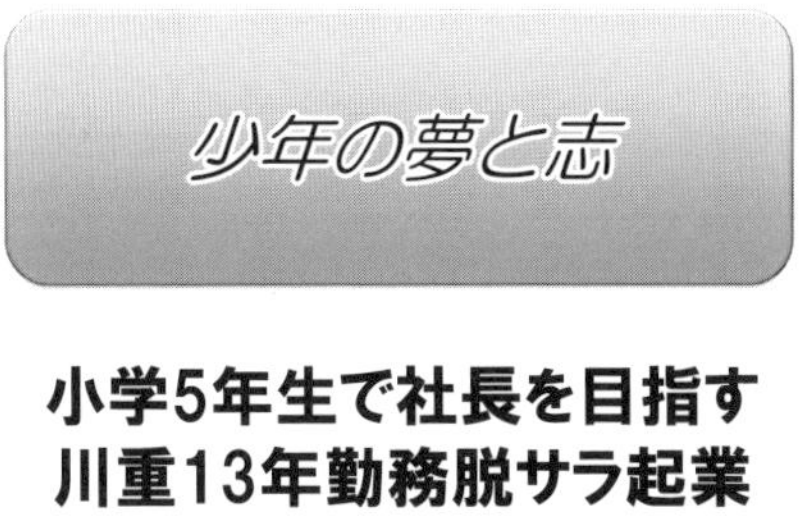
少年の夢と志
小学5年生で社長を目指す
川重13年勤務脱サラ起業

想いは達成する
1　100％達成
2　少年の夢と志
3　夢は膨らむ

事業活動の支え
100段の5段目

冒頭で書いたように、実際に創業者として事業をしてきた人においては、この3枚に要約した言葉に切実な何かを感じてくれるものと思います。また起業したばかりの人でも、自らの意志で起業する人たちには熱い思いがありますから、私は「想いは達成する」という言葉を強調して励ましています。

次に示したのは、第一、第二、第三創業をしたときの年齢と、事業の紹介です。このスライドを見せながら、異なる商売の中身について簡単に説明します。そして次の3枚で第一創業と第二創業について、商売の具体的なことを説明していきます。

第一創業では、時流を読む、立地、ライフサイクルといった言葉で話をすすめていきます。現代のライフサイクルは変化のスピードが速まっていますから、当然、ビジネスモデルもそれに応じてマイナーチェンジしたり、モデルそのものを変えなくてはいけない。大きなモデル変換という点でいえば、「立地」についての考え方です。

甲南チケットを出店するとき、私はとにかく第一等地を探しましたが、商売は立地の善し悪しだけでは決められません。とくにネットショップが隆盛になった今、はたしてこの商売で一等地を選ぶ必要があるのかどうかといったことをよくよく検討する必要があるでしょう。

第一創業時に私がもっとも注力したのは、時流やライフサイクルを読みながら、早め早めに新規事業（商売）を立ち上げ、その都度、ゼロから商売を学んでいったことです。小さな商いで満足するというなら話は別ですが、ビジネスを大きく発展させたいと思うなら、時流から見放された商売（商品）にしがみつくのは危険です。

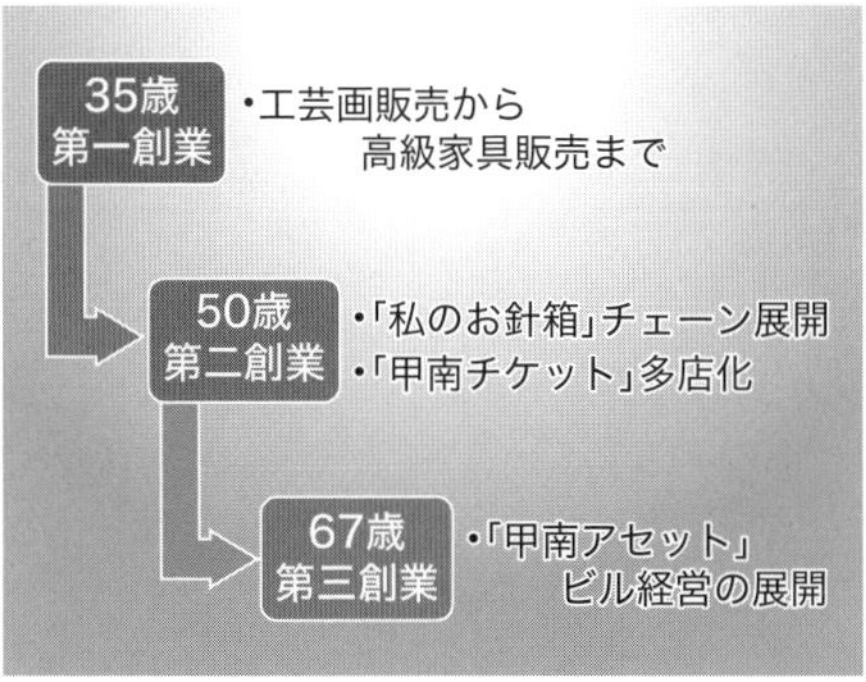

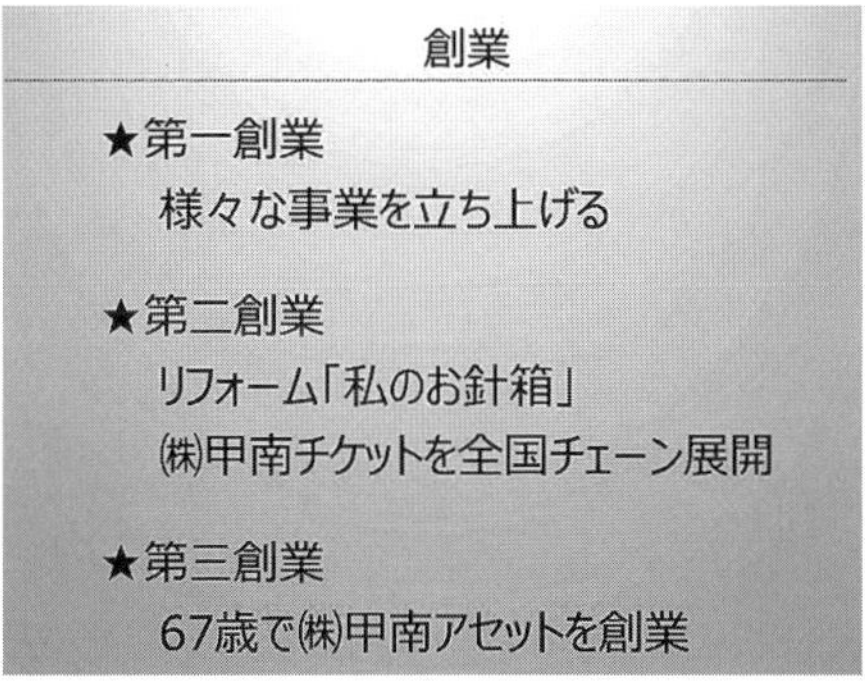

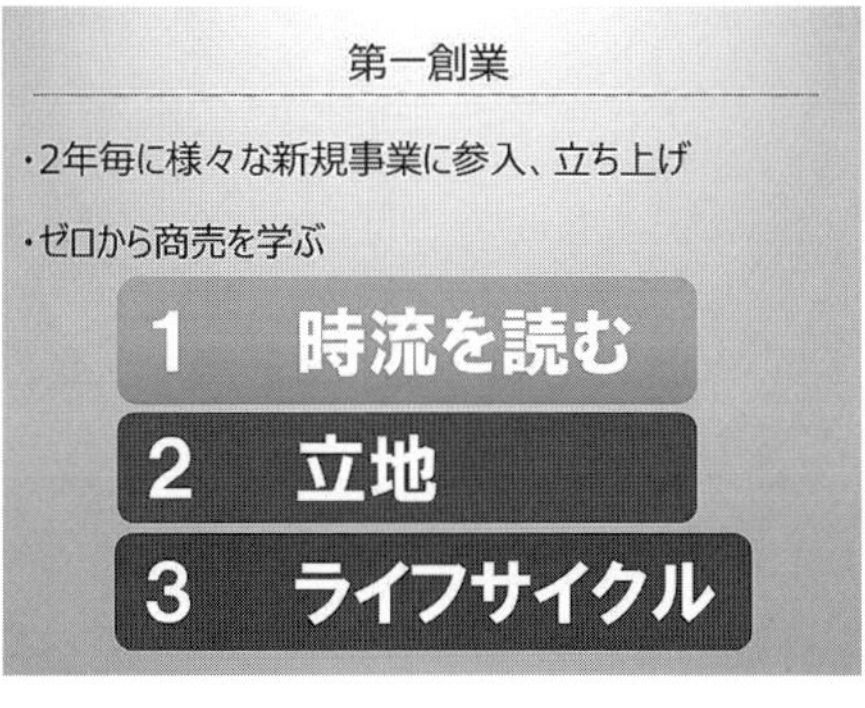

どんな商売・事業をするにしても、自分はどのような思いで起業するのかということを想い描くことが大切です。と言っても、私自身がそうでしたが、商売のイロハも知らず、ただただ独立して成功したい、成功させてみせるという熱意と信念だけでした。「経営戦略が大事だ」とよく言われますが、そんなものはなかったのです。しかし商売を続けているうちに、いろいろな問題や課題にぶつかり、それらを一つひとつ解決していくうちに、具体的な経営戦略デザインが見えてきました。

　私の場合、創業から十年以上は、百貨店という「のれん」を借りた商売をしていたので、このままでは、商品の流行を追いかけて時流に流れていくばかりでした。とにかく売上を上げる戦術ばかりで、事業としての発展が見えなくなっていました。それを一言でいえば、事業発展の戦略がなかったということです。そこに気づき、「自己ブランドを育成する」ため、「のれん借り商売」からの脱却を図ったのです。そして第二創

第二創業

★テーマを掲げて事業を展開する
第二創業期へ

・のれん借り商売から→
　自己店舗・自己ブランド商売へ
・足し算商売から→掛け算商売
・出かける商売から→客待ち商売

業へと向かいました。

具体的な話は本書の中で語られていますので省略しますが、大事なことは、自分がコレと決めたことは、それが成功するまで続けることです。経営戦略というのは成功のマニュアルや机上の空論ではなく、自分が決めた方向へ動き出し、やり続けることでより明確に見えてくるものなのです。そして、第二、第三創業を通じた経営の鉄則として端的にまとめたのが次の2枚のスライドです。これは事業内容が変わっても当てはまる法則と言えるものです。

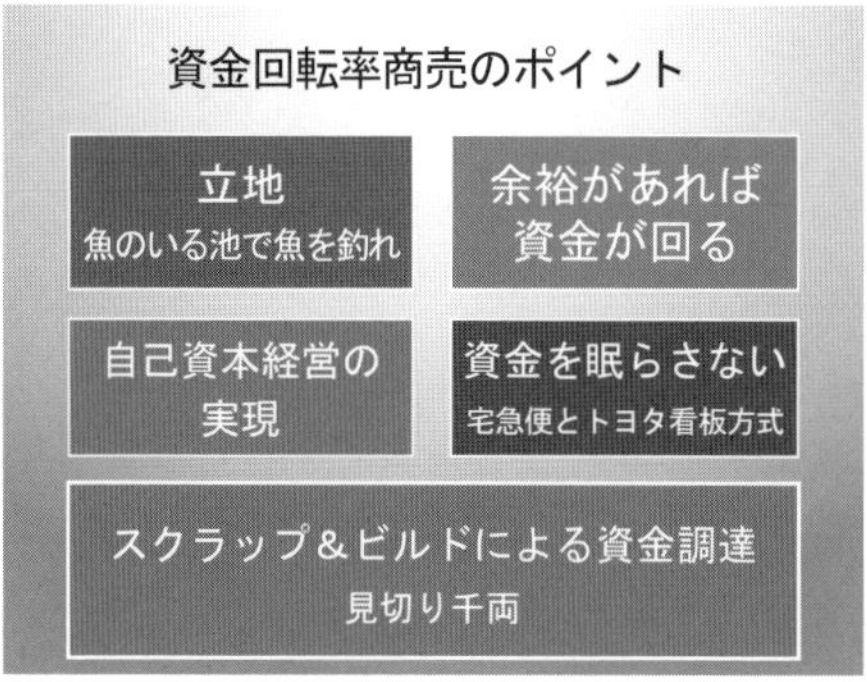

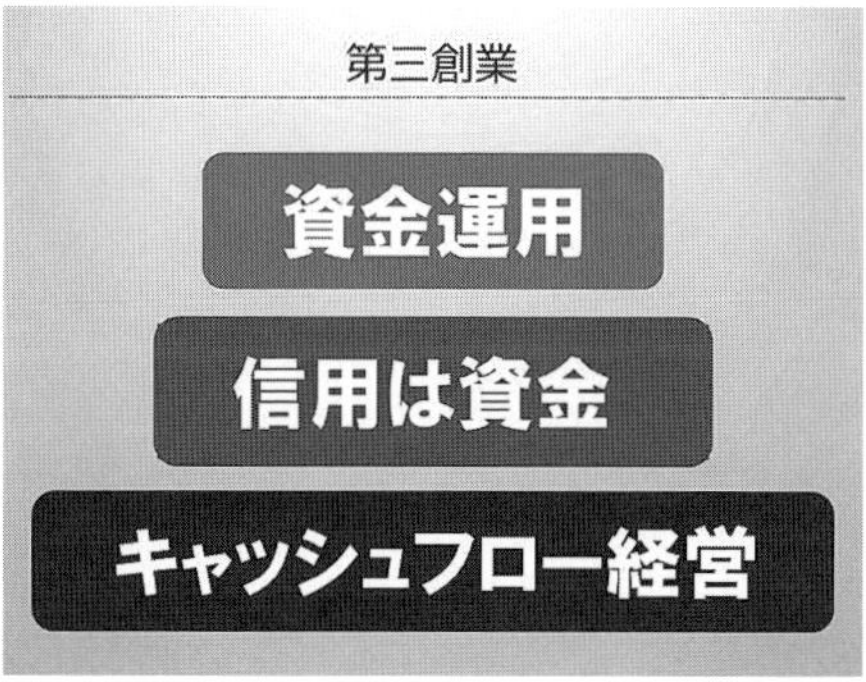

次ページの３枚のスライドにまとめた「若き経営者、起業家へのアドバイス」では、大事なポイントを８つにまとめています。これらは私自身が事業経験の中で学び痛感したことばかりです。

このポイントの中の一つか二つでも欠けていると、起業家は苦労するでしょうが、その苦労の要因に早く気づかないと挫折しかねません。

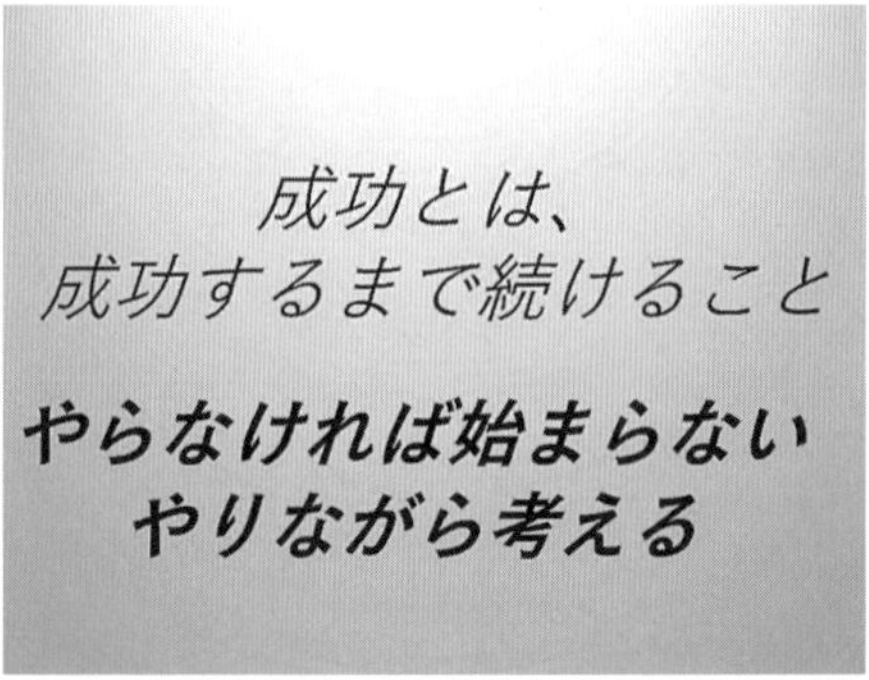
成功とは、
成功するまで続けること
やらなければ始まらない
やりながら考える

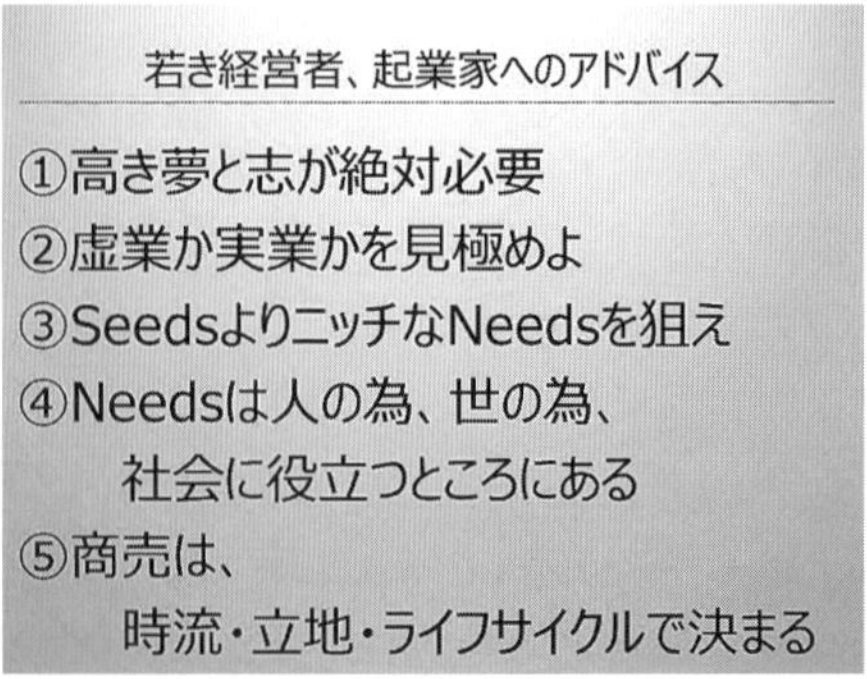
若き経営者、起業家へのアドバイス
①高き夢と志が絶対必要
②虚業か実業かを見極めよ
③SeedsよりニッチなNeedsを狙え
④Needsは人の為、世の為、
社会に役立つところにある
⑤商売は、
時流・立地・ライフサイクルで決まる

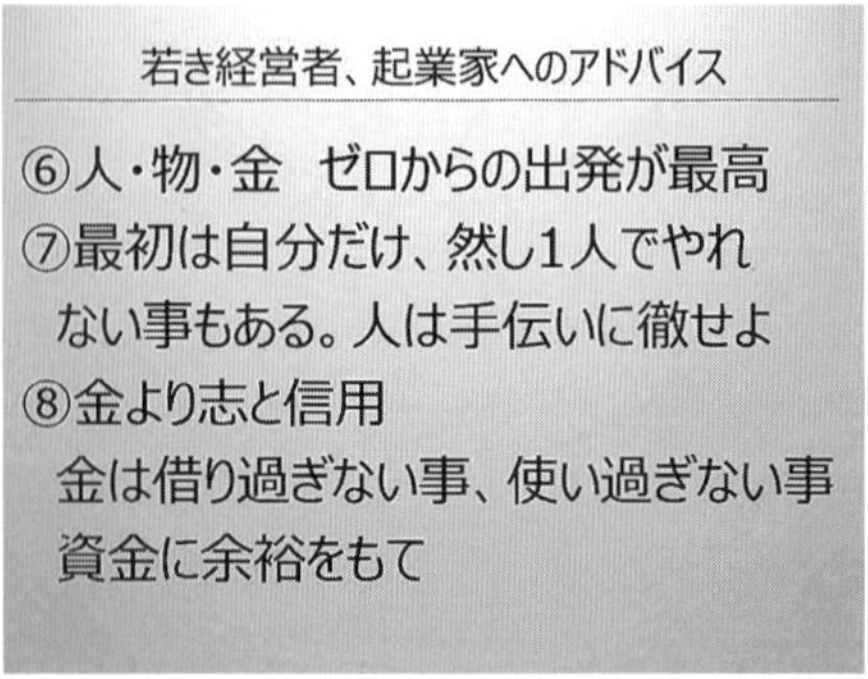
若き経営者、起業家へのアドバイス
⑥人・物・金　ゼロからの出発が最高
⑦最初は自分だけ、然し1人でやれ
ない事もある。人は手伝いに徹せよ
⑧金より志と信用
金は借り過ぎない事、使い過ぎない事
資金に余裕をもて

私の考えるビジネスモデル

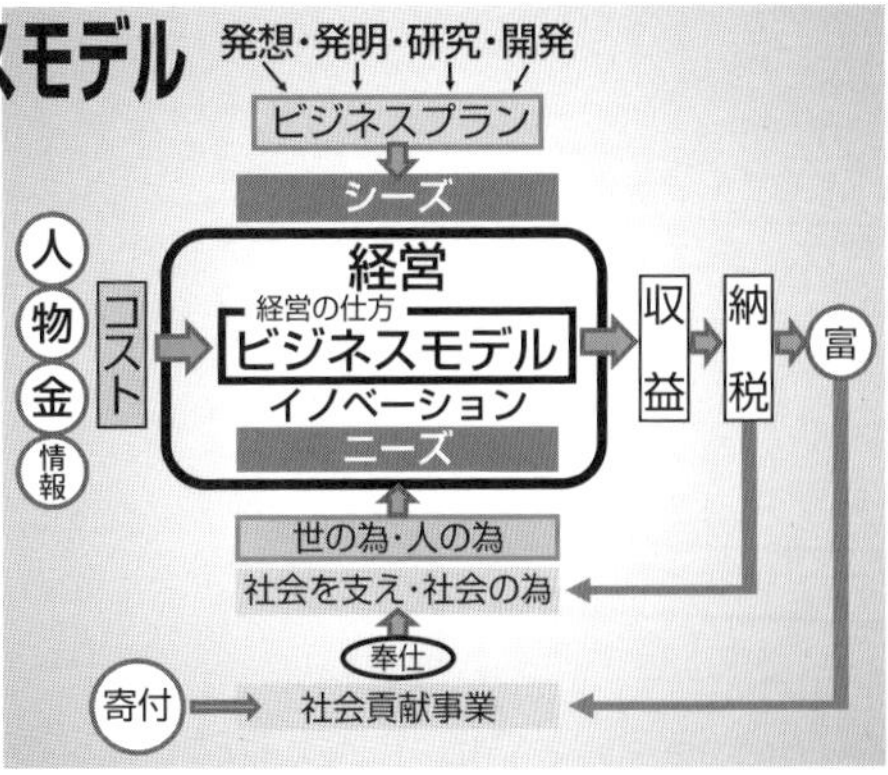

企業の使命は会社のニーズに応え、ヒト・モノ・カネ・情報をもとに収益を上げ、納税をして社会に還元することです。

「収益の上がるビジネスモデル」

「収益の上がる経営の仕組み」

「仕事のやり方を変えることで新しい収益を上げるビジネスモデル」

を考案して下さい。


たとえば、③「Seedsよりニッチな Needsを狙え」

これは、若い起業家がよくやりがちなパターンです。

彼らの抱く高い夢と志は立派なのですが、大企業がするような壮大な事業を想い描いて、売上（利益）が上がってこないどころか、動けば動くほど運転資金が底をついていきます。ですから若い起業家に限らず、起業のさいには⑥「人・物・カネ　ゼロからの出発が最高」を対のものとして肝に銘じる必要があるのです。

④「Needsは人の為、世の為、社会に役立つとことにある」というのは、極めて当たりまえの真実です。そのニーズの中で、自身の夢と志を行動で具体化していくことが商売人であり事業家なのです。

以上のような話を端的にまとめると、私の考えるビジネスモデルは上の図のようになります。

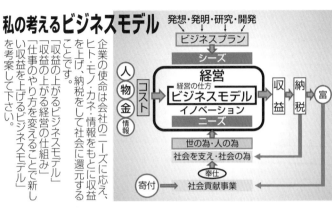

起業を目指す人のための
起業の鉄則塾
ビジネスモデル・コンテスト
原則 毎月 第2土曜日14：00～開催
会場：甲南アセット大開ビル 6F

日本はいま、少子高齢化の中で、政府も民間もさまざまな対策を講じていますが、やはり私がいちばん強く望んでいることは、次代を担う若い起業家たちが増え続けることです。その願いをカタチにと、（一財）小林起業振興財団の設立を講演のときにも発表しました。

幸い、このパワーポイント（２０２０年）で発表した後、公益財団法人コーナン財団が２０２３年に認可されましたので、起業家育成の活動は公益財団が主体になっていきますが、それとは別途に折を見て、小林起業振興財団の設立をするつもりです。そういうことを含めて、私の第四創業は始まったばかりなのです。

第四創業については本書に書かれていますので、これ以上の説明は要らないと思います。私個人としては、感謝しきれないほどの感謝を、今後どのように社会へお返ししていくことがよいのか、ということばかり考えているところです。

最後になりましたが、創業以来お世話になった諸先輩方をはじめ、ご支援ご協力いただきました皆様方には、この紙面を借りて深く感謝申し上げます。また、社員スタッフ、家族の一人ひとりにもお礼の言葉を捧げます。

令和6年（2024年）春

㈱甲南アセット　代表取締役社長
公益財団法人コーナン財団　代表理事

小林　宏至

小林宏至 著書紹介

第6作
2020年
あうん社

第5作
2019年
あうん社

第4作
2013年
コスモ21

第3作
2007年
マネジメント社

第2作
2005年
日本実業出版社

第1作
2003年
商業界

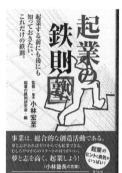

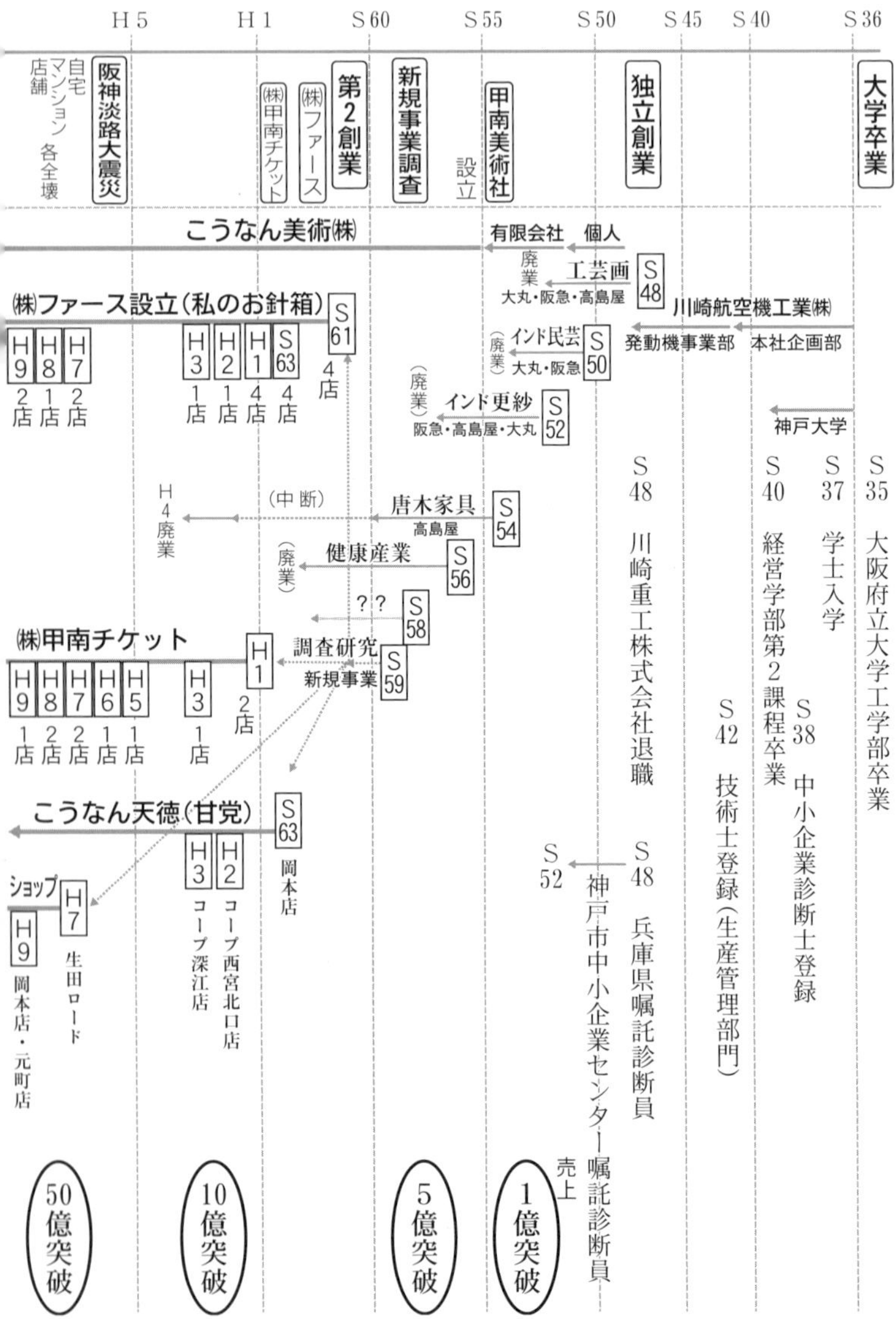

H5
H1
S60
S55
S50
S45
S40
S36
阪神淡路大震災
自宅 マンション 店舗 各全壊
㈱甲南チケット
㈱ファース
第2創業
新規事業調査
設立
甲南美術社
独立創業
大学卒業
こうなん美術㈱
有限会社
個人
廃業
工芸画
S48
大丸・阪急・高島屋
㈱ファース設立（私のお針箱）
S61
4店
H9 2店
H8 1店
H7 2店
H3 1店
H2 1店
H1 4店
S63 4店
川崎航空機工業㈱
発動機事業部
本社企画部
（廃業）
インド民芸
大丸・阪急
S50
（廃業）
インド更紗
阪急・高島屋・大丸
S52
神戸大学
H4廃業
（中断）
唐木家具
高島屋
S54
（廃業）
健康産業
S56
？？
S58
㈱甲南チケット
H1
2店
調査研究
新規事業
S59
H9 1店
H8 2店
H7 2店
H6 1店
H5 1店
H3 1店
こうなん天徳（甘党）
S63
岡本店
H3 コープ深江店
H2 コープ西宮北口店
ショップ
H7
生田ロード
H9
岡本店・元町店
S48 川崎重工株式会社退職
S40 経営学部第2課程卒業
S37 学士入学
S35 大阪府立大学工学部卒業
S42 技術士登録（生産管理部門）
S38 中小企業診断士登録
S48 兵庫県嘱託診断員
S52 神戸市中小企業センター嘱託診断員
売上
50億突破
10億突破
5億突破
1億突破

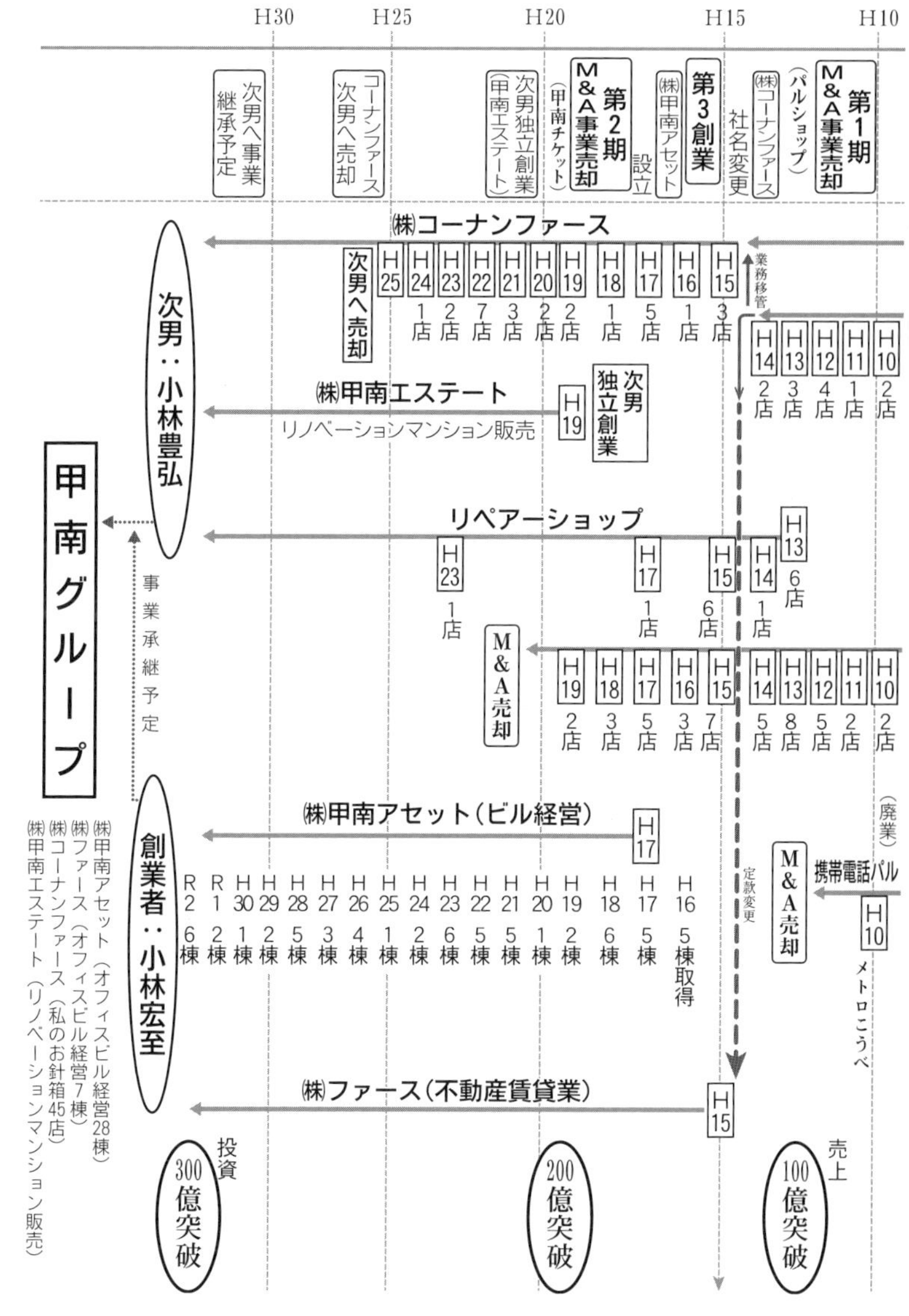
H30
H25
H20
H15
H10
次男へ事業継承予定
コーナンファース次男へ売却
次男独立創業（甲南エステート）
第2期 M&A事業売却（甲南チケット）
㈱甲南アセット設立
第3創業
㈱コーナンファース社名変更
第1期 M&A事業売却（パルショップ）
㈱コーナンファース
次男へ売却
H25 H24 1店 H23 2店 H22 7店 H21 3店 H20 2店 H19 2店 H18 1店 H17 5店 H16 1店 H15 3店
業務移管
H14 2店 H13 3店 H12 4店 H11 1店 H10 2店
㈱甲南エステート
リノベーションマンション販売
H19
次男独立創業
次男：小林豊弘
甲南グループ
事業承継予定
リペアーショップ
H23 1店 H17 1店 H15 6店 H14 1店 H13 6店
M&A売却
H19 2店 H18 3店 H17 5店 H16 3店 H15 7店 H14 5店 H13 8店 H12 5店 H11 2店 H10 2店
㈱甲南アセット（ビル経営）
H17
R2 6棟 R1 2棟 H30 1棟 H29 2棟 H28 5棟 H27 3棟 H26 4棟 H25 1棟 H24 2棟 H23 6棟 H22 5棟 H21 5棟 H20 1棟 H19 2棟 H18 6棟 H17 5棟 H16 5棟取得
定款変更
M&A売却
携帯電話パル
（廃業）
H10
メトロこうべ
創業者：小林宏至
㈱ファース（不動産賃貸業）
H15
㈱甲南アセット（オフィスビル経営28棟）
㈱ファース（オフィスビル経営7棟）
㈱コーナンファース（私のお針箱45店）
㈱甲南エステート（リノベーションマンション販売）
投資 300億突破
200億突破
売上 100億突破

小林宏至　講演歴

和暦	西暦	日付	主催	テーマ	場所
平成8年	1996	9月14日	起業家養成セミナー	ゼロからの出発 —起業そして異業種への参入—	京都府中小企業総合センター
		9月21日	関西ニュービジネス協議会　新規事業支援スクール	脱サラ、起業、異業種参入の波乱20年	MFCビル4F　A会議室
9年	1997	6月28日	関西企業塾	脱サラ、起業、異業種参入の波乱20年	日本経済新聞社　大阪本社3階特別会議室
10年	1998	1月29日	兵庫県経営指導員研修会	ゼロからの出発 —起業・異業種参入—	姫路商工会議所　新館2F
		6月27日	関西起業家塾	脱サラ、起業、異業種参入の波乱20年	日本経済新聞社3階特別会議室
11年	1999	3月13日	神戸商工会議所主催　新規開業応援セミナー	ゼロからの出発 〜起業成功の秘訣〜	神戸商工会議所大ホール
		6月10日	県立学校　学校の活性化をめざす教育経営講座	社会の変化と企業経営	県立教育研修所
		7月10日	関西興銀　ベンチャー倶楽部1周年記念シンポジウム　ディスカッション	ニュービジネスの成功の条件	ホテルニューオータニ大阪
		11月18日	NBKベンチャー大学　ベンチャー支援人材育成講座	ゼロからの出発 〜起業成功の秘訣〜	日本経済新聞社3階特別会議室

和暦	西暦	日付	主催	テーマ	場所
平成12年	２０００	９月23日	ＮＢＫベンチャー大学 起業家講座カリキュラム	ゼロからの出発 ～起業成功の秘訣～	日本経済新聞社８Ｆ会議室
		９月26日	明石商工会議所 企業家支援セミナー	脱サラ、起業、異業種参入の波乱20年	明石商工会議所５階大会議室
		11月８日	西宮商工会議所２・３級販売士資格更新講習会 講演	人・物・金～０からの出発～売上１００億円へ	西宮商工会議所 別館
		11月20日	ニュービジネス・サポーティングコンサルタント育成 ベンチャー支援人材育成講座 グローバルコース	人材活用・組織育成の評価と診断	立命館大学大阪オフィス会議室
13年	２００１	２月９日	ＮＢＫ和歌山ブロック例会	人・物・金～０からの出発～売上１００億円へ	株式会社島精機製作所
		８月３日	第１３５回 一金会８月例会	21世紀発 ニッチ商法発信	ホテルいさご
		９月12日	第１３３０回 神戸凌霜午餐会 講演	人・物・金～０からの出発～売上１００億円へ	神戸市産業振興センター10階
		９月22日	ＮＢＫベンチャー大学	ゼロからの出発 ～起業成功の秘訣～	日本経済新聞社 大阪本社 ３階特別会議室
		10月27日	第５回 神戸ベンチャークラブ定例会	時流を読み、変化させる経営	神戸メリケンパーク オリエンタルホテル
14年	２００２	５月11日	ベンチャー大学校 キックオフセミナー 基調講演	ゼロからの出発 ～起業成功の秘訣～	神戸クリスタルタワー３階ホール

和暦	西暦	日付	主催	テーマ	場所
平成14年	2002	10月12日	NBKベンチャー大学企業家講座 ディスカッションパネラー	創業経営者に学ぶ ―私の起業―	日本経済新聞社 大阪本社 3階特別会議室
		11月11日	兵庫県商店連合会商業関係表彰式	失敗しない起業の鉄則	兵庫県民会館11F
		11月20日	西宮商工会議所 あきない塾オープンセミナー	人・物・金～0からの出発～売上150億円へ	西宮商工会議所
		11月29日	甲南大学 企業家研究会 学生ベンチャー向上サミット	～学生ベンチャーの成功とは～	甲南大学 平生記念館大ホール
15年	2003	3月16日	淡路北ロータリークラブ 淡路グループ・Mプログラム 講演会	ゼロからの出発、起業成功の秘訣	淡路国際会議場
		3月21日	西宮商工会議所 阪神南地域中小企業支援センター	ゼロからの出発、起業成功の秘訣	西宮商工会館2階大ホール
		4月12日	日本経営工学会関西支部 第4回事例研究会	ゼロからの出発、起業成功の秘訣	ダイキン情報システム㈱ 大広今橋ビル4階
		7月28日	商業界チューター会	失敗しない起業の鉄則	東京プリンスホテル
		9月18日	CSパートナーズ大阪同友会 9月例会	人・物・金～0からの出発を振り返って	大阪中之島中央公会堂
		11月16日	三木商工会議所 経営者・後継者セミナー	ゼロからの出発、起業成功の秘訣	三木商工会館
		11月22日	奈良県中小企業団体中央会 起業家フォーラム 基調講演	失敗しない起業の鉄則	奈良県中小企業会館4F
		12月17日	創業・ベンチャー国民フォーラム	「夢・鑑定団in神戸」パネラー	神戸新聞松方ホール

和暦	西暦	日付	主催	テーマ	場所
平成16年	2004	1月21日	経済産業省中小企業総合事業団 ベンチャーフェア JAPAN2004 パネラー	「ベンチャー人間力」「叩き上げ」ベンチャーと「大企業出」ベンチャー	東京国際フォーラム 展示ホール1・2
		2月18日	第72回 商業界ゼミナール	失敗しない起業の鉄則	シェラトン・グランデ・トーキョーベイ・ホテル
		2月26日	西宮浜産業団地企業連絡会議	脱サラ、創業の経緯	西宮産業交流会館ホール
		3月13日	起業家フォーラム 企業ネットワーク事業 基調講演	失敗しない起業の鉄則	橿原観光ホテル
		3月19日	商い繁盛館フェスタ2004 Vol1 —独立・開業への道—	失敗しない起業の鉄則	ATCビル ITM棟3F「商い繁盛館」
		3月24日	大阪府中小企業家同友会 北支部 経営研究部	失敗しない第二創業の鉄則	同友会事務局会議室
		4月20日	ひょうご中小企業活性化センター 第二創業総合支援システム・起業育成システム総合キックオフイベント〝経営戦略を考えるセミナー〟 基調講演	経営戦略を考える〜第二創業・新規創業への挑戦〜	神戸市産業復興センター 3階ホール
		4月28日	第39回九州連合同友会 エルチュー会議特別講演	失敗しない起業の鉄則	別府アートホテル石松
		6月17日	大阪商業大学 公開講座	地域社会と中小企業—失敗しない起業の鉄則—	大阪商業大学ユニバーサルシティホール「蒼天」

和暦	西暦	日付	主催	テーマ	場所
平成16年	2004	6月17日	大阪市立大学大学院創造都市研究科 第10回ワークショップ ゲストスピーカー	時流に乗りながらスクラップ&ビルドで拡大へ	大阪市立大学梅田サテライト校舎
		6月27日	兵庫県立西宮高等学校 国際経済科教養講座	ビジネスの醍醐味を学ぶ～甲南チケット起業物語	県立西宮高等学校 大講義室
		7月10日	兵庫県立大学 社会人専門プロフェッショナルコース「企業家コース」	第一講 スタートアップ創業を学ぶ(1) 第二講 第二創業を学ぶ(2)	兵庫県立大学 神戸キャンパスセミナールーム
		8月3日	第274回 船場経済倶楽部 吉村晴彦さんを囲む早朝講演会	失敗しない起業の鉄則	大阪丸ビル会議室
		8月4日	学生団体ビジネスコンテスト デルタ実行委員会	ベンチャー講演	流通科学大学 藤原台セミナーハウス
		8月24日	兵庫経済4団体 兵庫「夏のビックイベント2004」経営・技術セミナー講演	起業の鉄則	ホテルオークラ平安の間
		8月28日	新居浜商工会議所 創業起業塾	起業・異業種参入	新居浜商工会議所
		9月3日	高砂商工会議所 青年部設立20周年記念講演会	わがベンチャー経営	高砂神社会館
		10月	関西学院大学ゲスト講演		関西学院大学
		10月6日	商業界ゼミナール 中・四国同友会連合会 中・四国ゼミナール 香川大会	失敗しない起業、創業の鉄則	サンポートホール高松

和暦	西暦	日付	主催	テーマ	場所
平成16年	2004	10月13日	第35回商業界ゼミナール	若手ベンチャー奮闘記	神戸国際会議所メインホール
		10月21日	第156回イグザミナ・フォーラム	起業の鉄則	リーガロイヤルホテル
		11月12日	ベンチャーマーケット	震災を振り返って	神戸商工会議所
		11月16日	三木商工会議所 三木市商店街連合会 平成16年度 経営者・後継者セミナー	元気企業の創り方・実践例	三木商工会館 大会議室
17年	2005	2月6日	奈良県中小企業団体 中央会「創業フォーラム」講演		三井ガーデンホテル奈良
		2月23日	商業界 石川県同友会 2月例会 講演	ゼロからの出発—起業成功の秘訣	アパホテル金沢駅前
		6月20日	平成17年度姫路商工会議所 青年部6月例会 はりま夢街道セミナーPart3	—人・物・金—0からの出発、売上100億円へ～	姫路商工会議所会議室
		9月11日	但馬地区シニアアドバイザー 兵庫県商工連合会 創業応援キックオフセミナー 基調講演	少年の夢と志を追いかけて	ホテル幸祥
		9月14日	大阪府商工会連合会・大阪府商工会 女性部連合会 第二創業(女性)コース	テーマ「(顧客創造)失敗しない起業の鉄則—すべてはゼロからの挑戦で学んだ」	心斎橋カリフガーデン(ホテルリーヴ3F)
		10月4日	豊中商工会議所第二創業塾	新規事業開発セミナー(第2創業塾)	豊中商工会議所

和暦	西暦	日付	主催	テーマ	場所
平成17年	2005	10月15日	京都NPOホンモノづくりプロデューサー開発セミナー　発足記念特別講演		ひと、まち交流館京都
		11月8日	伊丹商工会議所 日本商工会議所主催　第2創業塾	第2創業成功事例講演	伊丹商工会議所
		11月17日	明石商工会議所経営革新セミナー	第2創業コース講演	明石商工会館会議室
18年	2006	1月22日	追手門学院大学経済学部 公開講座　最終回記念講演		
		3月18日	第6回大阪ベンチャー研究会 3月例会	失敗しない起業の鉄則	大阪市立大学文化交流センター大ホール
		5月24日	異業種交流会「21世紀倶楽部」 5月例会		リーガロイヤルホテル京都
		5月25日	兵庫県経営者協会 「中小企業委員会」講演会	ゼロからの出発～起業成功の秘訣～	兵庫県私学会館
		9月30日	東近江地域中小企業支援センター 創業・起業セミナー	失敗しない企業の鉄則	近江八幡商工会議所
		11月16日	創業の経営革新フェア2006 in AMAGASAKI	時流を読み、正しいことに挑戦する～私の企業経営の経験から～	尼崎市中小企業センター 1階ホール
19年	2007	3月12日	佐々木博士の正心塾大阪凌霜クラブ		大阪凌霜クラブ　セミナーホール
		8月27日	大阪市総合生涯学習センター ニュービジネス経営塾		

和暦	西暦	日付	主催	テーマ	場所
平成19年	2007	9月3日	兵庫経済4団体主催 夏のビックイベント2007	兵庫県下における地域活性化の取り組みと期待	ホテルオークラ
		9月9日	NBKふり～サロン		なんばロイヤルホスト
		9月26日	中小企業診断協会兵庫支部主催 ひょうご元気企業交流会	事業家の夢と志 - 甲南チケットのM&Aなどを語る	兵庫県民会館大ホール
		10月10日 11日 18日 25日	大阪市大キャリアデザイン講演		大阪市大杉本学舎
		11月24日	神戸ベンチャー研究会		神戸市産業創造センター
20年	2008	1月10日	大阪商業大学・毎日新聞社主催 第6回大阪高大ビジネスアイデア甲子園　記念講演	少年の夢と志を追いかけて	大阪商業大学 ユニバーシティホール蒼天
		1月18日	大和ハウス工業 マンション事業部・管理職研修	商売感覚と情熱経営により5％以上の利益率物件を目指す	大和ハウス東京支社
		2月22日	相生商工会議所　中小企業相談所	相生経営者懇談会	相生市役所
		3月9日	西宮商工会議所「平成19年度社会人、学生向け起業家育成支援ベンチャー」	夢を追いかけて～私が起業に至った経緯～	西宮市大学交流センター

和暦	西暦	日付	主催	テーマ	場所
平成20年	2008	8月26日	第8回 高野塾		エル・おおさか
21年	2009	4月18日	第40回大阪ベンチャー研究会	第3創業期と夢・企業家育成に挑戦する	ドーンセンター
		10月3日	但馬生野浄願寺 報思構法 講話		但馬生野浄願寺
		11月5日	㈶ひょうご産業活性化センター 経営者から学ぶミニセミナー	ピンチをチャンスに! 第二創業	ビジネスぷらざひょうごホール
22年	2010	5月24日	21世紀倶楽部 5月例会	起業家の夢	リーガロイヤルホテル京都
		11月26日	大阪を元気にする若手経営者の会 大社輪 講演会	平素人生37年を振り返って	中之島甲南アセット会議室
23年	2011	6月6日	㈱大阪倶楽部 次世代塾	起業家の夢と志	大阪倶楽部
24年	2012	5月23日	梅田MAG戦略経営デザイン講座 特別スピーチ	起業経営者の実践	ハービスエント
		6月24日	梅田MAG戦略経営デザイン講座 特別スピーチ	起業経営者の実践	ハービスエント
		9月4日	姫路商工会議所事業承継セミナー	我が人生と事業承継	姫路商工会議所
25年	2013	1月10日	アヴァンセ神戸研修センター 求職者支援訓練講義 職業人講話	ゼロからの出発～起業成功の秘訣～	アヴァンセ神戸研修センター
		6月28日	株式会社ビル経営研究所 主催 第41回ビル経営サミットin関西 パネラー	関西の各エリアのビルオーナーが集結地域の特性を生かした経営手法とそのノウハウ	グランフロント大阪 カンファレンスルームタワーC8階

和暦	西暦	日付	主催	テーマ	場所
平成25年	2013	10月10日	㈱ビル経営研究所主催　第15回不動産ソリューションフェア投資家オーナーパネルディスカッション	ビルオーナーが語る高利回りビルの取得術	東京ビックサイト西4ホール
26年	2014	2月15日	経営者交流会　志の会主催　第84回志の会	甲南アセットの未来	甲南アセット大開ビル別館5F会議室
		2月21日	(一社)心学明誠舎主催　平成25年度明誠舎早春セミナー	事業家の夢と志	大阪府庁新別館8F　大会議室
		9月27日	(一社)関西ニュービジネス協議会主催　第2回関西ニュービジネス創業スクール	創業者体験談	コモンルーム中津
		9月29日	吹田商工会議所主催　第3回起業家セミナー	私の創業	吹田商工会議所3階　大会議室
28年	2016	11月9日	商業界兵庫同友会主催　商業界近畿オンラインゼミナール　いいねの集い	ビジネスをする上で何よりも大切なこと	甲南アセット大開ビル6F会議室
30年	2018	7月11日	第150回大阪ベンチャー研究会	失敗しない起業の鉄則	日刊工業新聞社大阪支社ビル10F
31年	2019	4月20日	第159回大阪ベンチャー研究会	起業する前にも後にも知っておきたいこれだけの鉄則	日刊工業新聞社大阪支社ビル10F
令和元年	2019	5月9日	(一社)CEO協会主催　起業家を志す学生セミナー	社会に出るきみたちへ	グランフロント大阪　北館7F　大阪イノベーションハブ(OIH)

和暦	西暦	日付	主催	テーマ	場所
令和元年	2019	9月6日	(一社) 関西中小企業研究所主催 関西中小企業研究所第104回研究会	失敗しない起業の鉄則	ティグレ大阪会議室
		9月10日	(一社)神戸日華実業協会午餐会	失敗しない起業の鉄則(私の体験談)	第一楼
		10月18日	(一社)関西ニュービジネス協議会主催 第2回NBK事業継承ゼミ	目からウロコ! 起業家が伝える事業継承虎の巻	グランフロント大阪 ナレッジサロン プロジェクトルーム
2年	2020	1月25日	(一社) 神戸ベンチャー研究会 第228回例会	ビジネスプランから ビジネスモデルへ	日本経済大学三宮キャンパス
		7月5日	BMI(ビジネスモデル・イノベーション)、(一財)コーナン財団主催 ビジネスモデル・コンテスト	失敗しない起業の鉄則	オンライン(Zoom)
3年	2021	2月9日	㈱いざなみ総研主催 合同勉強会	ゼロからの出発 ~起業成功の秘訣~	大阪商工信用金庫本店2F 商工信金ホール
		3月24日	㈱カナオカ機材主催 第174回CS研究会	ゼロからの出発 ~起業成功の秘訣~	中央電気倶楽部5階大ホール
4年	2022	9月8日	happiness plants 講演会	失敗しない起業の鉄則	ホテルマイステイズプレミア堂島 3階兆
		9月14日	ヒューマン・スマート×UMEDAI 未来経営塾	失敗しない起業の鉄則	UMEDAI会議室7F

和暦	西暦	日付	主催	テーマ	場所
4年	2022	9月22日	兵庫同友会主催　9月例会	最近の金融動向と物価高、今後の不動産について	甲南アセット大開ビル会議室
5年	2023	1月21日	大阪ベンチャー研究会200回記念	関西経済の活性化とベンチャー	大阪ナレッジサロン

■プロフィール

小林　宏至　こばやし　ひろよし

S31　私立灘高等学校 卒業
S35　大阪府立大学工学部 卒業
S40　神戸大学経営学部 卒業

職　歴

S35　川崎航空機工業株式会社（後に川重と合併）入社
S48　川崎重工業株式会社退職、
　　　独立自営「アートビューロゆとりろ」開店
㈱甲南美術工芸社設立　その後、㈱コーナンファースと社名変更。各代表取締役社長　㈱コーナンファース、㈱ファース、㈱甲南チケット、㈱甲南アセット等
（一財）コーナン財団を設立

現　在

㈱甲南アセット 代表取締役社長
㈱ファース 代表取締役社長
中小企業診断士
技術士（生産管理）

受　賞

H16　創業・ベンチャー国民フォーラム 奨励賞受賞
R 2　紺綬褒章受章

役　職

（一社）心学明誠舎 理事
（公財）コーナン財団 代表理事
（公社）関西ニュービジネス協議会 顧問
元 ㈱G－7 ホールディングス 社外取締役

甲南アセット・グループ沿革

	取得ビル		売却ビル	
2004 (平成16年)	・株式会社甲南アセット設立			
2004 (平成16年)	5棟 取得	和田宮桜井ビル、トーヨービル 神戸エステートビル 吹田サンプラザビル、二葉ビル		
2005 (平成17年)	5棟 取得	大開ビル、プランドール加古川 トーアハイツ、南堀江メゾン 伊藤ビル		
2006 (平成18年)	6棟 取得	ワークステージ西宮、笹原ビル サンメイビル、北新地VIPビル 谷町ビル、伸光ビル		
2007 (平成19年)	2棟 取得	出石コウノトリグランドホテル 大開ビル別館		
2008 (平成20年)	1棟 取得	大同生命明石ビル		
2009 (平成21年)	2棟 取得	ベルエアー江上町ビル 甲南アセット中之島ビル		
2010 (平成22年)	2棟 取得	阪神尼崎駅前ビル 第百生命神戸三宮ビル		
2011 (平成23年)	2棟 取得	高松番町壺井ビル、梅田ADビル	5棟 売却	吹田サンプラザビル、二葉ビル 伊藤ビル、サンメイビル、谷町ビル
2012 (平成24年)	3棟 取得	第一生命明石ビル あいおいニッセイ同和損保小倉ビル 徳島Jビル（元ジャストシステム本社ビル）／徳島Jビル別館	4棟 売却	南堀江メゾン、伸光ビル 出石コウノトリグランドホテル 梅田ADビル
2013 (平成25年)	2棟 取得	豊橋コアビル、サザン水戸ビル	3棟 売却	神戸エステートビル、トーアハイツ ベルエアー江上町ビル
2014 (平成26年)	4棟 取得	岡山伊福ビル、徳島第一ビル 水戸城南ビル、名古屋三博ビル	1棟 売却	北新地VIPビル
2015 (平成27年)	4棟 取得	平塚ビル、松江ビル、青森ビル 阪神流通センター内の倉庫	3棟 売却	プランドール加古川 阪神尼崎駅前ビル、豊橋コアビル
2016 (平成28年)	5棟 取得	秋田山王21ビル 鹿児島加治屋町ビル NLP秋田ビル、小倉KMMビル 米子ビル	4棟 売却	和田宮桜井ビル、笹原ビル あいおいニッセイ同和損保小倉ビル 岡山伊福ビル
2017 (平成29年)	2棟 取得	リーガル松本ビル 水戸FFセンタービル		
2018 (平成30年)	2棟 取得	盛岡ビル、千葉中央ビル	1棟 売却	青森ビル
2019 (令和1年)	2棟 取得	福井放送会館、ファース甲府ビル	3棟 売却	ワークステージ西宮、トーヨービル 阪神流通センター倉庫
2020 (令和2年)	6棟 取得	ファース堺ビル、ファース土浦ビル 小倉KMMビル別館・西館・パーキングビル、ファース長岡ビル		
2021 (令和3年)			1棟 売却	明石第二ビル
2022 (令和4年)	2棟 取得	ファース姫路ビル ファース沼津ビル		
2023 (令和5年)	1棟 取得	甲南アセット米子ビル別館		
2024 (令和6年)	2棟 取得	甲南アセット鹿児島天文館 ファース松山三番町ビル		

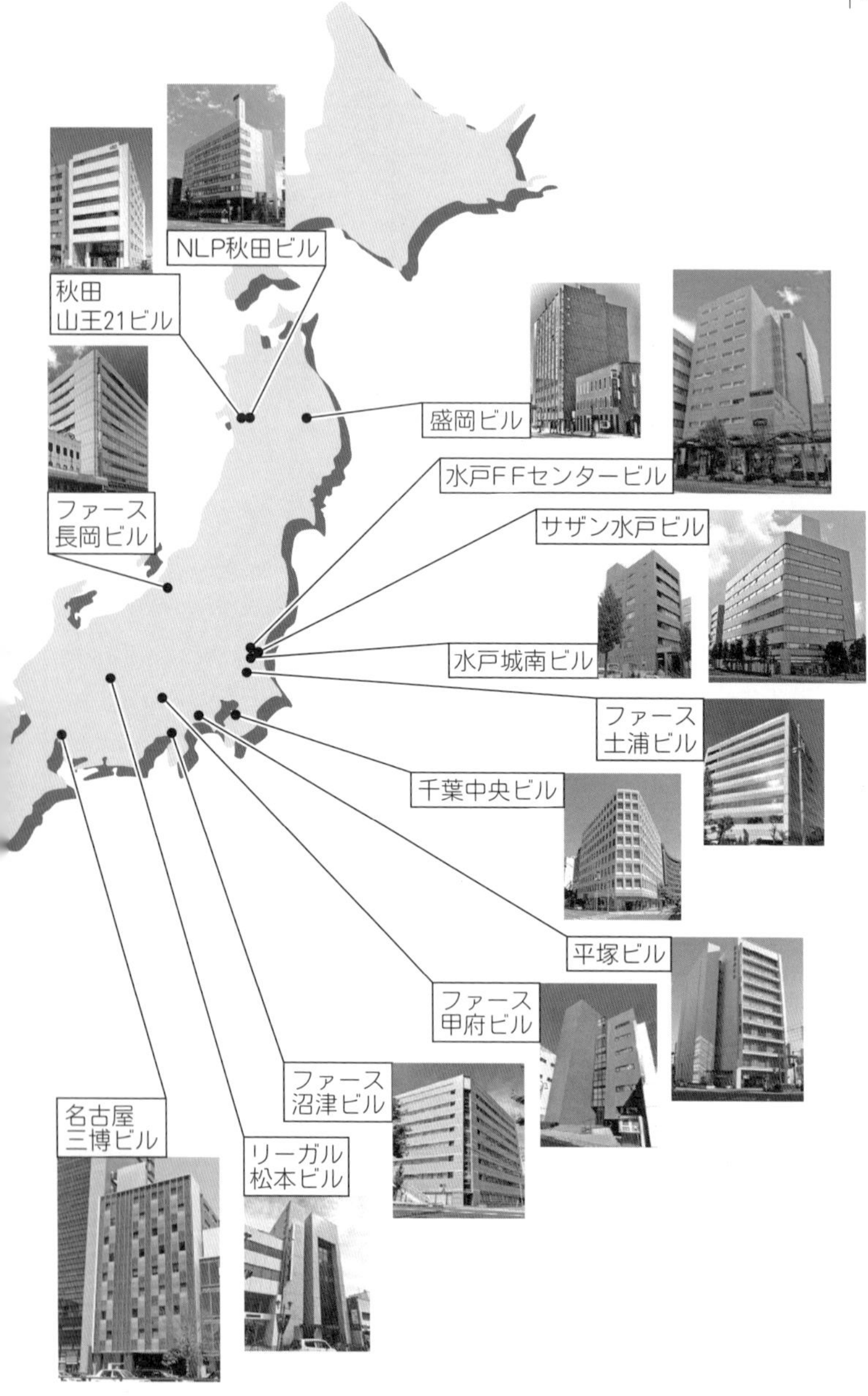
NLP秋田ビル
秋田
山王21ビル
盛岡ビル
水戸FFセンタービル
ファース
長岡ビル
サザン水戸ビル
水戸城南ビル
ファース
土浦ビル
千葉中央ビル
平塚ビル
ファース
甲府ビル
ファース
沼津ビル
名古屋
三博ビル
リーガル
松本ビル

甲南アセット・グループ所有ビルマップ

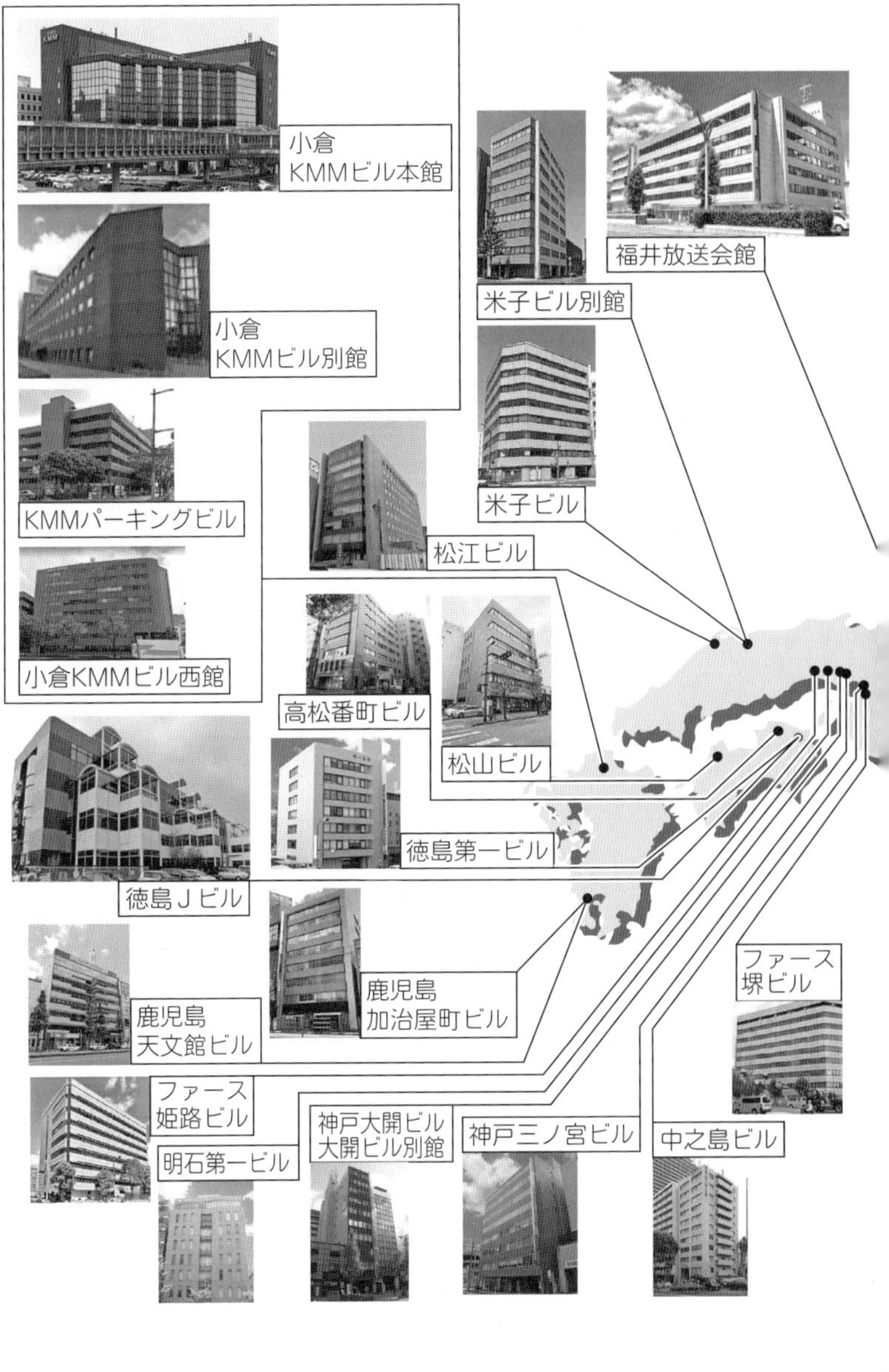

所有ビル一覧

西日本

大阪中之島ビル
（中之島 ナニワ筋沿い）

神戸三ノ宮ビル
（元 第百生命ビル）

明石第一ビル
（元 第一生命ビル）

神戸大開ビル本館
（高速新開地駅スグ）

神戸大開ビル別館
（高速新開地駅スグ）

ファース堺ビル
（元 AIG損保ビル）

徳島第一ビル
（元 第一生命ビル）

ファース姫路ビル
（元 損保ジャパンビル）

高松番町ビル
（高松中央通り）

徳島Ｊビル
（元 ジャストシステムビル）

松江ビル
（元 住友生命ビル）

米子ビル
（元 日本生命ビル）

米子ビル別館
（元 協栄生命ビル）

鹿児島加治屋町ビル
（元 日本生命ビル）

ファース松山三番町ビル

鹿児島天文館ビル

小倉ＫＭＭビル

西　館

本　館（新幹線小倉駅直結）

駐車場

別　館

甲南アセット・グループ

東日本

盛岡中央ビル
(元 住友生命ビル)

秋田NLPビル
(元 マニュライフ生命ビル)

秋田山王21ビル
(秋田県庁・市役所隣接)

ファース長岡ビル
(元 大樹生命ビル)

水戸城南ビル
(JR水戸駅南口徒歩3分)

サザン水戸ビル
駅南中央通 (元 アクサ生命ビル)

水戸FFセンタービル
(元 住友生命ビル)

ファース土浦ビル
(元 大樹生命ビル)

千葉中央ビル
(元 住友生命ビル)

平塚駅前ビル
(元 住友生命ビル)

ファース沼津ビル
(元 大樹生命ビル)

ファース甲府ビル
(元 AIG 損保ビル)

リーガル松本ビル
(元 住友生命ビル)

名古屋三博ビル
(桜通り丸の内・日銀前)

福井放送会館
(JR 福井駅前)

あとがき

日本には今まさに超高齢社会を端的に表す「２０２４年問題、２０２５年問題」というのがある。それを身近に実感している企業も人も少なくないだろう。

そして……、２０２４・１・１。元日早々に飛び込んできた能登半島地震のニュースに全国民は大きな衝撃を受けた。２０１６・４・14（熊本地震）といい、２０１１・３・11（東日本大震災）といい、１９９５・１・17（阪神淡路大震災）といい、冬から春にかけて起こる大震災の周期。しかも各地で地震速報が頻繁に流れる昨今……。

もとより我が国は古い昔から度々の自然災害に打ちのめされながらも、深い悲しみを胸に、〝がんばらない、がまんしない〟しなやかな生き方で立ち直ってきた。自然の脅威に対して謙虚に、四季の移り変わりをめでる繊細な感性とともに緻密な技術力を磨き上げてきた。

歴史的記憶とともに日本人の心と遺伝子に伝わるこうした繊細さや緻密さは、これからもずっと継承されていくだろう。その流れの中で大きな夢と志のある起業家たちにより、様々な問題を解決していくイノベーションが生まれるにちがいない。

社会に求められることを解決していくのが企業家としての創造と喜びであり、そのことを小林は、「総合的な創造活動と人間力」と表現している。

『失敗しない　起業の鉄則』が２００３年に発刊されてから二十余年、小林宏至という一人の人間に接して常々思うことは、いっこうに衰えを見せない企業家精神である。いや、精神というより魂といったほうが、小林にはふさわしいコトバなのかもしれない。少年の夢を追い続ける熱い魂である。

公益財団法人コーナン財団としての活動について、「次は、第四創業としてやっていく」と小林は淡々と、なおかつ熱く語った。いかにも小林らしいその言い方に、「少年の夢は健在だ」と嬉しく思った。夢と熱い魂が息づくところに、未来はつづく。

令和６年（２０２４）春

記念誌編集委員

手のひらの宇宙ＢＯＯＫs®第41号

少年の夢・起業・志

甲南アセット・グループ創業五十周年記念

2024年5月15日　初版1刷 発行

編　著　者　記念誌編集委員会
発　行　者　平野　智照
発　行　所　(有) あうん社
〒669-4124 丹波市春日町野上野21
TEL（0795）70-3232　FAX70-3200
URL http://ahumsha.com
Email : ahum@peace.ocn.ne.jp

製作 ● ㈱ 丹波新聞社
装丁 ● クリエイティブ・コンセプト
印刷・製本所 ● ㈱ 遊文舎

＊落丁本・乱丁本はお取替えいたします。
本書の無断複写は著作権法上での例外を除き禁じられています。
ISBN978-4-908115-41-7　C0015
＊定価はカバーに表示しています。